商务英语翻译及其教学研究

梁美娟　著

延吉·延边大学出版社

图书在版编目（CIP）数据

商务英语翻译及其教学研究 / 梁美娟著. -- 延吉：
延边大学出版社，2024. 7. -- ISBN 978-7-230-06861-1

Ⅰ．F7

中国国家版本馆 CIP 数据核字第 2024JP7360 号

商务英语翻译及其教学研究

著　　者：梁美娟

责任编辑：魏琳琳

封面设计：文合文化

出版发行：延边大学出版社

社　　址：吉林省延吉市公园路 977 号

邮　　编：133002

网　　址：http://www.ydcbs.com

E-m a i l：ydcbs@ydcbs.com

电　　话：0433-2732435

传　　真：0433-2732434

发行电话：0433-2733056

印　　刷：三河市嵩川印刷有限公司

开　　本：787 mm×1092 mm　1/16

印　　张：9.25

字　　数：140 千字

版　　次：2024 年 7 月　第 1 版

印　　次：2024 年 8 月　第 1 次印刷

ISBN 978-7-230-06861-1

定　　价：62.00 元

前　　言

在全球经济一体化和文化交流日益频繁的今天，商务英语翻译作为连接不同商业语境的桥梁，其重要性日益凸显。商务英语翻译不仅是语言层面的转换，更涉及文化、经济、法律等多领域的交融。因此，商务英语翻译及其教学研究具有深刻的理论价值和实践意义。

商务英语涉及语言、交际技巧、商务知识、文化背景等要素，有其独特的语言特色。掌握商务英语翻译技巧、充分了解商务英语的语言特征是做好商务英语翻译的前提。

在商务英语翻译教学中，学生是教学的主体，是贯穿整个翻译教学活动的关键性要素。因此，教师在教学活动中应该以学生为根本，做好对学生的调查工作。教师只有充分了解学生的思想状态，才能保证采取的教学模式符合学生的需求。

本书旨在深入探讨商务英语翻译的理论基础、技巧应用、创新研究以及教学实践等多个方面，以期为商务英语翻译教学提供科学的理论指导和实践指导，培养具备高素质、高技能的商务英语翻译人才，推动商务英语翻译事业的持续发展。

笔者在编写本书的过程中，得到了众多学者的指导和帮助，在此表示衷心的感谢。由于时间和水平有限，本书难免存在不足之处，期待广大读者提出宝贵的意见和建议，共同推动商务英语翻译教学的不断进步。

目　　录

第一章 商务英语翻译

第一节 商务英语翻译概述

一、翻译

（一）翻译的概念

商务英语翻译实质上是一种翻译活动，因此在掌握商务英语翻译的概念之前，需要先了解一下翻译的概念。从广义上说，翻译是语言和语言之间、语言和非语言之间，以及语言和语言变体之间的代码转换与基本信息表达。从狭义上说，翻译是一种语言活动，旨在用一种语言表达另一种语言的内容。

语言是随着社会的产生而产生，并随着社会的发展而发展的。语言既是民族文化的组成部分，也是民族文化的表现形式。由于各民族的自然环境、历史背景、传统观念、风俗人情、宗教信仰、生活习惯等各不相同，因而也就形成了各民族不同的文化。

人类的语言有数千种。使用的语言不同，文化不同，对同一种事物的表达方式不同，使得使用不同语言的人们之间难以沟通，不能直接进行交流。翻译通过把一种语言转换成另一种语言，才使得语言不通的人们能够相互沟通、相互理解。

语言实际上就是一种语码。人们用语言进行交流的过程，就是"编码"和

"解码"的过程。"编码"是指将人们想表达的思想或描述的事物转换成语码，即用语码来进行表达；"解码"是指在理解原语表达的信息后，再把它转换成译入语表达出来。

从语言的角度来说，可以将翻译定义成将一种语言所表达的内容完整、准确地用另一种语言重新表达出来的活动。翻译是两种语言间的转换，但由于语言是文化的载体，文化信息是语言的内容，所以如果译者只了解本民族文化，不了解其他民族文化，就很难把其他民族的文化信息表达出来。因此，我们应该认识到翻译不仅是一种语言转换，更是一种跨文化转换。而且，从某种意义上说，翻译的表层是语言的转换，其实质是文化信息的传递。

翻译有口译和笔译两种形式。口译是通过两种不同语言的转换来传递信息的；笔译是通过两种不同文字的转换来传递信息的。古往今来，翻译在促进各个民族互相交往、互相了解、传承世界文明方面一直起着重要的作用。为此，翻译工作要求译者具备多方面的素养：①对待翻译工作要有认真的态度，包括刻苦的、严谨的、一丝不苟的工作精神；②要不断提高自己的外语水平和汉语水平；③要努力扩大知识面，对说外语的国家的社会、政治、军事、文化、教育、科技、地理、历史、风俗等都有所了解，同时对世界各国的知识也要有所了解。这些知识越丰富，越有利于翻译活动顺利进行。

（二）翻译的性质

1.翻译是一门科学

说翻译是一门科学，是因为它有自己的理论体系和规律，是前人翻译实践的科学总结。拿英汉互译来讲，英语和汉语各有特点，既有类似之处，又有差异，只有掌握它们的规律和特点，翻译起来才会得心应手。例如，在多数情况下，英语和汉语句子的主谓、动宾和介宾的先后词序大体相同，但有时又有大相径庭的地方（如英语有冠词，而汉语则无这种词类）。要想翻译准确，必须掌握两者的对应规律。不然，翻译时在理解和表达两方面都会出现这样或那样的问题。

示例：The horse is a useful animal.

译文：马是有用的动物。

如果不仔细揣摩这个句子所表达的意思，很可能会译成："这马是一个有用的动物。"单纯从语法形式看，译文很完整，可是这不是原句要表达的意思。因为原句中的定冠词 the 在此并非"特指"，而是"类指"；这里的冠词 a 也不是泛指"一个"，而是类指"一种"的意思。所以，这句话应该译成"马是有用的动物"。

2.翻译是一门艺术

所谓艺术，是指富有创造性的方式、方法。说翻译是一门艺术，是因为翻译实际上是语言的再创作。在翻译时，译者应该遵循一定的翻译原则，进行一系列思维创造的过程，字斟句酌，推敲琢磨，才能译好一个作品，才能再现原作品的风貌。张培基先生认为，翻译是一种创造性活动，对于同一个作品，不同的译者可能会产生不同的看法。陈宏薇教授认为，译者在理解原文信息时不可避免地会带有主观色彩，其在克服语言与文化差异、再现原文信息时，会使用体现自身独特风格的处理方法，也就是独创性。郭沫若曾指出，翻译是一种创造性的工作，好的翻译等于创作。普希金也有类似见解，他认为翻译创作的目的是再现艺术作品。

3.翻译是一项技能

翻译之所以被认为是一项技能，是因为翻译技巧的掌握、翻译能力的提高，不能仅仅通过书本的学习或课堂听讲来实现，还必须进行大量艰苦的实践。仅从书本或课堂获得翻译的理论、方法和技巧，而不亲为、不实践，是学不好翻译的，也是翻译不好的。

总而言之，翻译是两种语言之间的交际手段和交际过程；翻译的目的是促进不同语言社会的经济、政治、文化、科技等方面的交流与进步；翻译的任务是将原语中包含的对现实世界的逻辑映像和艺术映像等完好无损地转换为译入语的语言信息。

（三）翻译的方法

为了尽可能准确无误地传递原意，在翻译活动中，人们根据不同的情况，使用不同的翻译方法。

直译指的是在传递原文含义时，尽可能保持译文与原文的结构、形式一致。意译指的是在忠实于原文内容的前提下，不限于原文的表达形式和句法结构，而采用符合译入语表达习惯的形式把原文的意思再现出来。早在西方古时期的翻译活动中，译者就在使用直译法和意译法。公元 4～6 世纪，西方主要的翻译活动是对《圣经》的翻译，各种译本相继问世。出于对上帝的敬畏，当时许多译者认为忠实地传递原文意旨必须采用直译的方法，因此他们的译文生硬艰涩；而哲罗姆（Jerome）则坚持"在不偏离意思的前提下，应当使译文符合译入语的韵律和各种特征"，因此，他翻译的《圣经》通用本语言流畅自然，广为读者接受。

在翻译界，译者对直译和意译曾有过长期的争论。1980 年，彭启良先生在《翻译与比较》一书中说："从历史上看，直译论者或意译论者都是片面论者。他们各执一端，只看到它们的对立，全然看不到它们之间的联系。"由于英汉两种语言之间有许多相同或相似之处，因此，直译就有它存在的客观根据。由于英汉两种语言之间有很大差异，因此，意译又有它存在的客观必然性。它们相辅相成。我国近百年来的许多优秀译作，不管译者本人自觉或不自觉、承认或不承认，都是这两种翻译方法交互使用的产物。

现在翻译界已经有了这样一个共识，即直译和意译应该互相兼容，互为补充。在翻译时，直译和意译可以交互使用，互为补充，能直译时就直译，不能直译时则可考虑意译。

音译法是一种"以音代义"的翻译方法，常用于某些词语在译入语中无对应词时。音译法早已有之。唐朝佛经翻译家玄奘就提出过"五不翻"原则：①佛经密语应该音译；②佛典中的多义词须音译；③不存在相应概念的词只能音译；④已经约定俗成的古音宜保留；⑤为避免语义失真用音译。

音译法在英译汉、汉译英中俱有运用。例如，guitar（吉他）、typhoon（台风）、饺子（jiaozi）。在一定条件下，英译汉时采用音译法，可以吸收外来语，增加汉语的词语或表达法；而汉译英时采用音译法，则有助于把汉语文化介绍到国外。

（四）翻译的过程

1.理解

理解是翻译过程的第一阶段。理解可分为广义理解和狭义理解。广义理解指对原文作者的个人、原文产生的时代背景、原文的内容以及原文读者对该作品的反映的理解。狭义的理解仅指对原文的理解。译者首先应反复研读原文内容，掌握原文的文体、作者的写作意图等，并借助词典，将不熟悉的地名、人名、历史名称、专业术语等理解清楚。如果译者不研读原文，一拿到原文便开始翻译，容易产生译文前后不统一、不自然、不通顺、以偏概全等问题。准确的翻译必须建立在对原文正确理解的基础之上。理解是翻译的基础，是翻译的前提。只有理解了原文，才能进行翻译，也才能保证译文质量。这种理解主要包括语法分析、语义分析、语体分析、语篇分析，通过这些分析，弄懂原文的语言难点、原文内容的逻辑关系、上下文的关联、民族的文化传统和背景知识等，翻译才会成功。

2.表达

表达是翻译过程的第二阶段。在这一过程中，译者要注意恰到好处地再现原文的思想内容和语体色彩，并牢记准确、流畅和切合的标准，使译文既忠实于原文，又符合译入语的语法和表达习惯。要做到这一点，译者就必须在选词、组词成句、组句成篇上下功夫，在技巧运用上下功夫。表达时，还要注意避免过分表达和欠表达。所谓过分表达，就是指译文画蛇添足，增加了原文没有的内容；而欠表达则是省略或者删去了不该省、不该删的原文内容。

3.校核

校核是翻译过程的第三阶段。切不可认为校核是多余之举。优秀的译者总是十分重视校核的作用。通过校核，译者可以发现并改正错误，可以修改或润色译文，使译文的风格前后贯通，并使其与原文的风格基本相符。

校核一般分为两个步骤：第一步是重新根据原文进行核对，逐步查看有无漏译、错译之处，有无语义差别和风格偏歧的问题，一旦发现应立即加以修正；第二步则是脱离原文，从一个译入语读者的角度逐步查对，有无不顺、不符、含混与歧义之处。如果出现逻辑混乱、文理不通、行文艰涩、违背译入语规范的问题，则应立即加以改正。而对那些重要的内容，如时间、地点、名称、术语、历史大事、科学概念等，要注意查证，以避免硬伤。

在校核过程中，译者应注意以下几个方面：①译文是否存在误译；②译文是否在人名、地名、地点、时间、数字等方面存在不一致或差错的情况；③译文是否在关键词语、句子和段落上存在漏译；④译文是否存在段落分行不恰当的问题；⑤译文是否存在标点符号差错；等等。

二、商务英语翻译的概念

商务英语翻译是在经济全球化的过程中，在各国间不断加深交流的进程中，作为促进商业文化和物质交流的经济活动的一部分而出现的一种翻译活动。商务英语翻译的概念可以从广义、狭义以及一般意义等方面来理解。从广义上说，商务英语翻译指一切与国际商务活动有关的翻译，涉及与商务活动相关的一切领域。例如，外宣政策文件翻译、外交事务翻译等都属于广义的商务英语翻译的范畴。狭义的商务英语翻译是指具有直接经济利益目的的经营性活动所涉及的翻译活动，泛指某一具体领域内的翻译，如某公司开展国际贸易业务所需要的翻译活动。从一般意义来说，商务英语翻译是跨国界的商务活动，包括资本、商品和劳务等形式的经济资源在国际传递中所涉及的一切相关领域的翻译活动，如国际商务活动涉及的国际旅游翻译、法律翻译和商务合同翻译等。

三、商务英语翻译的性质和特点

随着国际商务活动日益活跃，国际交流用语的作用越来越引起人们的关注。英语作为一种国际性语言，其在国际交流中的作用是不言而喻的。汉语是世界上使用人口最多的语言，在国际交流中的影响力也越来越大。在国际交流中使用的英语、汉语不单单是普通意义上的英语、汉语，更是专业用语，一般被称为商务英语或商务汉语。商务英语和商务汉语涉及商务法律法规，国际商务理论、知识和技能，应用于商贸交易、商务谈判、企业管理等各类商务实践活动，以及各类涉外合同、协议、公函、书信、通知、电报、广告、演讲等文体，是承载商务任务、关涉利益的实用性语言。翻译的目的不只是两种语言的转换，更是将融入了国际文化与相关商务知识、理念、规则的原文就具体的商务情景转换为目的译文，以传递准确的商务信息、商务理念及文化，促进贸易往来，达成交易，实现交际。由此可见，商务语言是一种强调实践和功能、重在交际的特殊专业语言。商务英汉翻译过程不仅是语言转码过程，更是重实践、重功效、重目的的认知转换过程。

一般来讲，商务英语应具有完整、简洁、具体、正确、清晰等特点。"完整"是指商务英语所述内容应做到不疏忽、不遗漏，体现在语言上，指句式完整，忌用病句。"简洁"是商务英语语言表达的发展趋势，在追求速度和效率的环境中，简洁就是美。商务英语交流应尽量高效、省时，避免不必要的冗长句式，这也正体现了商务活动所倡导的"TIME IS MONEY"（时间就是金钱）。商务英语是实践性很强的语言，因此，"具体"是商务英语区别于文学语言的重要特征。商务英语强调所述内容应具有实质性，忌空洞、宽泛，回避抽象。"正确"是商务英语的又一基本特点，指语言表达既无语法错误又无逻辑错误，所述内容应正确、准确，甚至精确。"清晰"不仅强调语音规范、口齿清晰，还要做到语音、语调清楚、悦耳，同时还指逻辑清晰，句式表达一目了然，意义不含糊其词、模棱两可。在翻译过程中，商务英语的这些特点是不可遗失的，译文应在最大程度上体现原文的特征，才能使译文在文体、功能等方面与原文对等，满足翻译要求，达到翻译目的。

第二节 商务英语翻译的现状

一、商务英语翻译的发展

随着我国改革开放的深入，特别是进入 21 世纪后，我国无论是在经济方面还是在外交方面都取得了重大进步。如今，我国已成为世界第二大经济体，并在军事、科技、贸易等方面展示出巨大的发展潜力。在这种快速发展的进程中，我国同世界的交流离不开商务外语，其中商务英语翻译在其中发挥了重要的作用：各类经贸文件和商用材料的翻译与日俱增，商务英语翻译在整个翻译产业链中的比重大大增加，各种材料、广告等的翻译层出不穷，对商务英语研究的文章不断涌现。

研究商务英语翻译主要有四个视角：一是翻译实践交流；二是评论性翻译研究；三是对翻译过程的研究；四是从社会文化角度展开商务英语翻译研究。商务英语翻译不仅涉及语言问题，更涉及经济问题和利益问题。总的来说，目前我国商务英语翻译现状良好，体现在以下两方面：

一方面，我国同世界各国的贸易量不断增加，在进出口贸易、贸易团体的互访、技术设备引进、国际经济和贸易组织活动的开展等方面都需要大量的商务英语人才。

另一方面，通过国际商务宣传人员的不断努力，我国的国家形象和企业形象在世界上已然树立，我国在国际上的经济贸易地位如同政治地位一样不断提高，逐渐在国际经济贸易活动中拥有举足轻重的地位。

通常，我国从事商务英语翻译的人员主要包括：①公司或企业的专职译者；②公司或企业的兼职译者；③翻译公司的译者（来自各行各业）；④业余译者（水平不均）；⑤大学教师、学生；⑥国家涉外机构人员。

随着时代的变化，翻译不再只是一种非常个人化的行为或活动。随着互联网、翻译软件等科技成就的不断涌现，一项翻译工作，特别是商务英语翻译工作，有可能需要一群人一起借助互联网、借助翻译软件才能完成。就像谢天振所言，我们今天的翻译已经从"书房"进入了"工作坊"。

二、商务英语翻译中存在的问题

（一）翻译服务和管理存在问题

翻译工作是一件比较费时费力的脑力工作，尤其是商业英语翻译工作更为辛苦。但在辛苦的同时，商务英语翻译的酬劳也较为丰厚。然而某些公司或企业出于省钱的目的，不肯聘请专业的译者，导致最后翻译的文件质量不过关，使企业和公司形象大打折扣。更有甚者，直接用翻译软件进行翻译，翻译出来的结果让人啼笑皆非，贻笑大方，更谈不上通过服务管理实现翻译材料的增值。翻译的质量和监控须设立相应的机构进行规范和管理。

（二）翻译研究不够深入

商务英语翻译研究存在重复劳动现象，不够深入、不精细、不成体系，须在理论提升上寻找突破口。从查询的资料来看，商务英语翻译研究主要集中在广告、商标领域，语料陈旧，存在较明显的重复现象，缺乏新意和创造性。对一些流行且重要的方向，如涉外保险、运输、国际金融等缺乏精力的投入，导致现在对这些领域的研究依旧浅显，没有更有价值的研究成果出现。

（三）翻译知识不规范

针对翻译不规范的问题，其主要原因除了译者水平不一、缺乏专业精神或翻译技巧外，还包括译者不能正确掌握翻译知识等。翻译不准确主要表现在以下几个方面：

1.词汇翻译不准确

商务英语翻译对于词汇的要求较日常英语翻译来说有专业词汇多、覆盖范围广、词义表达严谨等特点。因此，在翻译时，不能简单地通过词汇的表意进行处理，要注意语义层细小的差异，避免翻译不准确。出现词汇翻译不准确的原因大致可分为两点：一是译者的词汇量不足，在有限的时间内不能找出更加贴切的词来对应；二是中西文化差异明显，译者如若不了解相关的文化背景而直接进行翻译，会改变原文的意思。以汉语词语"龙"为例，在汉语中，龙是尊贵、权势的象征，古代的皇帝比喻自己为"龙子"，中华儿女也称自己为"龙的传人"。然而"dragon"一词在英文中却有着不好的含义，如凶暴的人、悍妇等，这是由于龙在西方文化中代表着邪恶阴险的形象。如果译者不了解这些文化常识，就很容易引起误会和矛盾。因此，在进行商务英语翻译时要提前了解相关的文化背景，避开文化翻译的雷区。

2.句式翻译不准确

不同国家、不同语言之间有着不同的思维方式，中国与西方考虑问题的方式就存在很大的差异，这些差异可以体现在说话的语句方面。中国人在说话时习惯采用人称来表述事件，突出动作的主体，这与中国人注重形象思维的原因有关。而西方人则不同，他们在描述一件事情时很少用到人称代词，特别是在商务交流方面，通常采用被动句式表达或阐述相关规定，体现了其严谨、客观的思维方式。因此，商务英语译者在进行商务英语翻译时，要重视中英语言差异。

3.语用不准确

语用指对语言的运用，这与不同国家的语言表达方式有着紧密的关联。在商务交流中，交流的主体涉及各个国家，自然在进行对话时要注重对方的语言使用习惯。例如，中国人崇尚含蓄、自谦，当一个人想表达某种意思时，通常不会将想法直接表达出来，会借用一些典故或反讽的方式来传递本意。但在西方，人们的表达非常直接，被人夸奖会直接说"谢谢"，想要拒绝别人就直接说"不"。如果用中式思维来理解英式思维，或者用英式思维来揣测中式思维，往往会产生矛盾和冲突。因此，商务英语翻译要避免语用不准确这一问题。

在国际商务贸易交流中，商务英语翻译作为其中的环节之一发挥着重要的作用。它不仅为合作的双方搭建起一个良好的交流平台，更能促进合作，推动经济发展。商务贸易是具有广泛性和多样性的，商务英语翻译更要体现其专业性的特点。在商务英语翻译过程中要分析各种因素的影响，尽量保持原文与译文在内容上和风格上的一致，保证翻译的质量和效率，促进商务活动的发展。

三、商务英语翻译研究

（一）以翻译理论为指导的商务英语翻译研究

针对商务英语翻译的研究，最普遍的是以翻译理论为指导的商务英语翻译研究。这些翻译理论包括语言学理论和翻译理论等。在所有语言翻译中，不同翻译的应用方向都遵循着一个共同的原则，那就是翻译是一个意在解决沟通问题的工具，所有对原语的翻译都应体现出译入语的准确性，进而保证双方能够清晰地理解和顺畅地沟通。大部分商务英语翻译理论也遵循这一原则，如功能对等理论。这一理论主张翻译需要实现四个方面的"动态对等"，即词汇对等、句法对等、篇章对等和文体对等。功能对等理论将翻译的核心目的定位为意义对等，当原语与译入语的形式不一致时，应当先保证原语与译入语意义的统一，其次再考虑形式是否发生变化。而当形式的变化也不足以使表达充分时，就要采取"重创"的手段将原语中的文化内涵用译入语的表达习惯重新进行阐释和说明。

11

（二）以译者自身经验为指导的商务英语翻译研究

除了以翻译理论为指导的商务英语翻译研究外，还有一种以译者自身经验为指导的商务英语翻译研究。商务英语翻译非常注重实践经验，理论研究对翻译实践只能起到指导作用，在具体的实践环境中，掌握必要的实践经验同样重要。以译者经验为指导的商务英语翻译研究对当下实际的商务英语翻译工作更有针对性，它总结出来的翻译经验，如翻译的主要研究对象、商务英语文本特点、商务英语翻译技巧等都有实质性的帮助。以译者自身经验为指导的商务英语翻译研究将商务英语翻译划分成以下两个层面：

1.语义层面的商务英语翻译

这一层面的商务英语翻译主要针对翻译中的词汇语义展开，如商务文体中的词语、句型如何选择才能使译文表达的含义更为确切；分析语义、语体特征，选择能发挥其交际优势的语言符号；在实际翻译中应该遵循哪些忠于原文含义的原则等。

2.语用层面的商务英语翻译

这一层面的商务英语翻译主要针对语言使用的语境展开，如商务信函或商务法律条文中某些模糊语或委婉语的使用。其实，我们认为商务英语更为严谨的原因之一就是它并没有将所有条文都给出明确的阐释说明，有些模糊语或委婉语的使用更能凸显出它的使用动机，确保其准确性。

第三节 商务英语翻译的标准

在翻译过程中，译者应遵循一定的标准与原则。"忠实"和"通顺"是两项最基本的要求。在实际工作中，只有将"忠实"和"通顺"很好地结合在一起进行翻译，才能保证译文质量。除了"忠实"和"通顺"以外，在翻译时，译者还要做到译入语的语体与原语一致，并尽可能地把原语的修辞手法反映出来。"忠实"和"通顺"作为翻译的标准，应该是统一的整体，不能把两者割裂开来。

商务英语翻译与文学翻译不同。商务英语属于专门用途英语，涵盖面十分广泛，包含多种文体，涉及多个领域，翻译的标准具有特殊性，且难以统一。无论是彼得·纽马克（Peter Newmark）的交际翻译法，还是严复先生的"信、达、雅"都不能完全套用，只能适当借鉴。众多翻译家和从事商务英语翻译的学者对此都提出了自己的看法。专家学者们的论述见仁见智。王永泰先生认为，翻译的标准应该根据不同文体决定，不应苛求全面统一，如果用"信、达、雅"来衡量，应该各有侧重。刘法公先生认为，商务英语翻译的标准应该是"忠实、准确、统一"。商务英语翻译遵循"忠实、准确、统一"以及"通顺"的翻译原则无疑是正确的。

一、忠实性

忠实性是商务英语翻译时应遵循的首要标准。忠实是指译文所传递的信息应该与原文所传递的信息保持一致，也可以说保持信息等值。商务英语翻译必须忠实于原文，做到信息对等，而不是相似，更不能随意歪曲、篡改和遗漏原文所表达的思想。

示例：A particular average loss under 3% of the insured amount will not be recoverable, but one amounting to or exceeding 3% will be paid.

误译：单独的平均损失低于所保金额的 3 %时不赔,但损失达到或超过 3 %时则赔偿。

正译：单独海损的损失低于所保金额的 3 %时不赔,但损失达到或超过 3 %时则赔偿。

译者理解错了"particular average loss"的含义，导致译文不够准确，没有传递出正确的信息。"average"是货运保险条款中的术语，分为两种含义：一种是"particular average"，即单独海损，是指货物损失由各货方和船方中某些特定的利益方承担；另一种是"general average"，即共同海损，是指货物损失由各货方和船方分摊。

二、准确性

准确性是商务英语翻译时应遵循的核心标准。在翻译过程中，译者应该正确理解原文含义，并在信息转换中选择准确的词语，准确表达概念，正确表达名称和物品所指，精确表达数量和单位，不歪曲原文含义。

示例：Party A shall have a right of first refusal whenever Party B wishes to sell any of its shares in the group.

误译：乙方任何时候有意出售其持有之本集团任何股份，甲方一律拥有优先拒绝权。

正译：乙方任何时候有意出售其持有之本集团任何股份，甲方一律拥有优先购买权。

错误译文背离了"准确性"标准，问题出在对"right of first refusal"的理解上，该词组的真正意思是"优先购买权"。

又比如"knocking copy"为广告学用语，指"（对竞争者的产品进行的）攻击性广告字眼"，译成其他的表达就不地道，不是行话。另外，对于合同中的"IN WITNESS WHEREBY"，也应译成符合合同文体规范的正式用语"立此为证"。

三、统一性

统一性标准是指在商务英语翻译过程中，译者所使用的概念、术语和译名等应保持统一，不能随意变换。换言之，词语运用要保持规范统一，符合约定俗成的含义，行文方式符合商务英语文本的语言规范。统一性标准有利于商务英语翻译的规范性。

一些专有名词和术语在长期的翻译实践过程中，已经形成了固定译法，并且沿用已久。即使这些翻译不符合语言规范，不够妥帖，甚至错误明显，但由于已经被人们熟知并认同，早已成为人们的共同语言。例如，"Munich"（慕尼黑）如果按照汉语音译应译为"明欣"，"George Bernard Shaw"（萧伯纳）应译为"乔治·伯纳德·萧"。这些翻译虽然并不规范，但是已经为人们所熟知，如果重新翻译，会引起混乱，不利于翻译的稳定和统一。

此外，为了避免产生歧义，一些词语的翻译必须保持同一种译法，特别是商务合同中的一些关键词语和专业术语都有其严格的法律含义，译者在翻译时必须透彻了解原文，准确、完整地翻译合同的内容。例如，"exclusive"译为"专有的"，"exclusive contract"译为"专销合同"，"exclusive territory"则译为"独占区域"。

四、通顺性

将一种语言翻译成另一种语言后，译文要通俗易懂、生动流畅。在商务英语翻译中，必须保持译文通顺规范，即所使用的词语、短语、句子、语法等都必须符合译入语和该行业的一般规定，用词准确、不生硬。例如，如果将"documentary bill at sight"翻译成"即期付有单据的票据"，虽然翻译出原文含义，但不能清晰表示概念。因为"票据"的含义广泛，在商务合同中，票据主要指汇票，因此应将其翻译成"跟单汇票"。再比如，"I work at the bank of China."，如果译成"我工作在中国银行"，就不符合汉语表达习惯，应将其译成"我在中国银行工作"。

示例：Many of these fine products are in stock ready for your order.

译文：上述多种优质产品，备有现货，欢迎订购。

在广告宣传中，经常将"ready for your order"翻译成"欢迎订购"。这是根据我国广告惯例和原文含义进行了适当的引申。如果直译，则为"准备好你来订购"，就显得十分生硬，不符合汉语表达习惯。

第四节 商务英语翻译的能力要求

一、与语言相关的能力要求

（一）双语能力

翻译的过程实际上就是两种语言之间的转换过程，也就是将一种语言转换成另一种语言。首先要根据原文正确理解词语和句子的含义，然后再用另一种语言将已经理解的概念清晰地表达出来。在翻译的整个过程中，译者始终要对英汉两种语言的差异进行分析，并对译文做灵活的处理。可见，在商务英语的翻译中，译者首先要具备较强的双语能力，这是从事商务英语翻译的基本要求。双语能力包括汉语基本功和英语知识及对它们的实际应用能力。

1.汉语基本功

商务英语的翻译虽然不像翻译文学作品那样要运用形象的语言和多种修辞手法，但译文也要符合翻译的基本要求和标准，即概念清晰、行文流利、逻辑通顺、准确完整。如果说较丰富的英语知识是正确、清晰理解原文的基础，那么扎实的汉语功底则是贴切、自然表达的基础。这一点常常被许多人忽略，认为汉语是自己的母语，可以轻而易举地处理翻译中的表达问题。实际上，英汉翻译的过程中，很多译者都有这样的经历或体会：往往会因一个词或一个句子而绞尽脑汁，很久也找不到一个恰当的词语或句子来表达原文含义。

示例：Inflation is coming down; unemployment is coming down; things are definitely looking up.

这句话如果译为"通货膨胀正在下降，失业问题正在下降，事实确实正在向上看"，那么读者读完之后会不理解其中的含义。而如果改译为"通货膨胀正趋缓解，社会失业问题也在改善，形势确已好转"，其含义就明了得多了，读来也不会使人费解。

可见，翻译质量的好坏直接受译者汉语理解能力和表达能力的影响。如果汉语功底不扎实，即使精通英语，也很难将原文的内容和风格完整、准确地表达出来。要想学好汉语，具有扎实的汉语基本功，一方面可以借助语文教材，掌握汉语的基本语法知识；另一方面应该大量阅读优秀汉语作品，学习其中的地道表达方式。

2.英语知识

既然是英语翻译，那么较强的英语能力便是英汉翻译的基础和首要条件，是清晰、完整、透彻地理解原文的前提。因此，要想翻译出准确而地道的译文，首先必须增强英语能力。为此，译者一方面要尽量增加词汇量，另一方面要掌握必要的语法知识。如果词汇量有限，那么在翻译时就要不断地查阅词典来辅助翻译，这样不仅会影响翻译的速度，还会打断翻译的思路，很容易造成翻译错误。而如果不具备较好的语法知识，在英汉翻译时就不可避免地会出现理解错误，使得译文不能很好地传递原文的意思。

3.实际的应用能力

双语能力不仅包括对英汉语言知识的熟练掌握，更包括对两种语言的理解与应用能力，也就是熟练运用字、词、句、段、篇章结构等不同层次的能力。如果仅是掌握了基本的语言知识，而不会灵活应用，同样无法译出好的译文。

示例：As long as the firm stays within its perceived areas of expertise, the image of one product will rub off on another.

译文 1：只要公司坚持它观察到的专门知识，一种产品的形象就会对另一种产品有好处。

译文 2：只要公司守住自己的专长领域，一种产品的形象就会拉动另一种产品的形象。

上例译文 1 对原文的分析不够透彻，导致理解发生了偏差，表述也很模糊。原文中的"stays within its perceived areas of expertise"指企业在自己所擅长的领域里发展，不向不熟悉的领域扩展；而"rub off on"是指"从榜样中汲取……"。因此，原文实际上是说企业在它所熟悉的领域里的不同产品形象是可以相互促进的。

（二）语用能力

这里的语用能力是指在一定的语境中，正确、得体地理解和使用语言形式以实现某一交际功能的能力。商务文本涵盖跨文化商务活动的方方面面，其各类文本的翻译不仅要求译者根据原文的语境准确理解原文，而且要根据译入语的语境正确使用语法规则遣词造句，让译文符合译入语的语言规范，为读者所接受。可以将这种要求理解为语言的"语用等效"或"语用等值"，指首先要正确理解原文中的语言信息，不仅包括字、词、句等蕴含的明示信息，还包括隐含在文字中的暗含意义；然后再用译入语将它们完整地表达出来。

示例：心触一块净土，爱博一片蓝天。

译文 1：Heart touches a clean land, love offers a blue sky.

译文 2：Keep the environment clean.

上例原文是某风景区的公告标示语，目的在于提醒游客爱护环境，保持环境卫生。但是外国游客看了译文 1 后会不知所云，因为译文 1 只是简单地进行了直译，并没有表达出原文所暗含的语用意义。而译文 2 则达到了语用等效的效果，外国游客也一目了然。

扎实的英文功底、熟练的翻译技巧和专业的商务写作能力都是涉外企业对商务英语人才在文字处理能力方面的要求。商务英语具有自身的文体特征，是现代英语的一种功能变体，是国际商务工作者之间长期交际的结果。商务英语属于实用文体，服务的是商务领域的从业人员，无论是草拟经济合同与商务文书，还是翻译产品说明书和填制商业单证，都对相关从业人员的文字处理能力有很高的要求。商务英语文字处理能力在未来的商务活动中将越来越重要。

（三）语境认知能力

与语言相关的能力还包括语境认知能力。语言的使用离不开语境，任何话语都是一定语境中的产物。也就是说，语境是语言交际的环境，影响语言单位的选择，以及语义的表达和理解。在商务英语翻译中，译者不仅要具有基本的双语能力，还要具备较强的语境认知能力，即懂得如何认知语境，正确理解交际中的语言表层含义和深层含义，并根据具体语境，恰当选择语言。语境认知能力大体包括以下三个方面：

1.认知语言语境

语言语境就是文章的上下文。上下文的语境限制了某一词，尤其是多义词的词义。某个词如果离开了特定的语境，便会失去它的确定意义，甚至引起歧义。而语言语境之所以能影响某一词的词义，是因为语境具有制约功能，语言语境也正是通过这种功能来排除歧义的。

示例：mark 这个词在不同的语境中词义迥然不同，但却不会产生歧义。

①He got the highest mark in the exam.

译文：他在考试中得到了最高的分数。

②He is a man of mark.

译文：他是一位杰出的人才。

③His feet left dirty marks all over the floor.

译文：他的脚在地板上留下了脏印子。

④The scandal left a mark on her reputation.

译文：那件丑事玷污了她的名声。

⑤The scary experience left its mark on every victim.

译文：这可怕的经历给每个受难者都留下了难以磨灭的印象。

2.认知情境语境

世界上的一切活动都是在一定时空中进行的，语言这一社会活动也不例外。因此，情境语境强调的是话语参与者所处的时空位置。

情境语境涉及的因素主要有说者和听者，说话过程中与各参与者有关的活动外部客体与事件等。例如，spring 一词在不同的情境中意思不同。在修表时，它指的是"发条"；在安装弹簧床时，它指的是"弹簧"；在叙述某件事的起因时，它指的是"源泉、根源"；在沙漠行走了很久找到水源时，它指的则是"清泉"，或引申为"春天"，喻指"希望"。总之，看某一词、短语或句子的确切含义，需要联系它所处的情境语境。

3.认知文化语境

语言是文化的载体，也是文化的重要组成部分，因此文化对词义和话语意义自然有着重要影响。语言无法离开文化而存在。同样，由于不同文化的差异，对于不同国家和民族的人来说，同一个词可能具有不同的意义。例如，dog 一词在汉语和英语中具有不同的感情色彩。在英语中，dog 是一个中性词，其形象一般并不差，不仅指人们的宠物，还可泛指人，如"You are a lucky dog."（你真是个幸运儿）。而在汉语中，"狗"在对人的比喻中常常表示贬义，如"走狗""狗仗人势""狗眼看人低"等。

综上所述，要想顺利地进行商务英语翻译工作，译者必须培养良好的语境意识和语境认知能力。

二、其他能力要求

（一）人文素养

简要地说，人文素养包括文（文化与文学）、史、哲三大领域的知识。商务英语翻译人员要在国际环境中成功地使用英语从事各种翻译活动，离不开人文素养和文化意识的培养。商务英语翻译活动不仅需要英语技能和国际贸易知识，还需要财会、法律和文化等诸多人文性较强的学科领域的知识。商务英语是上述学科内容的综合而不是全部内容的总和，它的任务是培养学生从事国际商务活动的能力。人文教育培养出的人文素质使从业人员能够利用自身丰富的专业知识和广博的文史哲知识灵活应对各种情况，迅速分析问题。

健全的人格、博学善思、自由精神和社会责任感也都是人文素养的内涵。这些内涵似乎不能快速"适应"市场的需求，为商务活动带来直接经济利益，但从长远来看，基于全人教育所形成的深厚底蕴，学生未来发展会更具潜力，会成为推动社会进步的卓越人才。许多学校也已经认识到了这种潜在的资源优势，对人才的人文素养表现出更多的关注。

（二）相关商务知识

商务英语是具有鲜明行业特点的专门用途英语，涵盖经济学、管理学及其下属的所有学科的知识。相应地，商务英语翻译也涉及多个学科内容，如经济学、管理学、金融学、营销学、会计学、法学等。

此外，由于当今国际商务英语发展迅猛，内涵不断丰富，各学科之间相互交叉、相互影响，涉及的专业知识也越来越多，对国际商务英语翻译的要求也越来越高。如果不懂得相关商务知识，就可能造成误译、错译，甚至直接影响国际商务交流活动的顺利进行。因此，对商务英语翻译来说，学习相关商务知识和其他有关知识是非常重要的。特别是在全球化、信息化的今天，商务英语翻译已经成为信息产业的一部分，国际商务知识和其他相关知识构成了商务英语翻译能力的重要内容。

商务英语翻译不同于普通英语翻译，它是高度专业化的翻译，不仅要求译者具备扎实的英汉双语功底，还必须具有国际商务专业知识。俗话说"隔行如隔山"，译者的知识结构水平对译文的质量会产生很大的影响。比如对包括银行、保险、证券市场等在内的金融行业相关专题的翻译，译者如果没有专业知识背景，仅用普通领域的知识去理解原文并进行翻译，会遇到很多困难，译文的质量不能得到保证，甚至让读者不知所云。即使译者在普通英语范畴内已有很高的造诣，也不应盲目地从事商务英语翻译。

涉外企业对人才的专业知识非常重视，要求从业人员不仅要熟练掌握本专业的理论知识（以国际贸易知识为主），还要扩充知识面，了解相关专业知识，如相关商品知识、财务知识、企业生产知识、企业管理知识和跨文化知识等。因此，教师要注重教授学生相关的商务知识。

（三）跨文化商务交际知识

由于不同民族长期处于不同的自然环境和历史背景中，人们的生活方式、思维习惯等有很大的不同，形成了各自独特的文化。表现在语言上，就是英汉两种语言呈现出不同的特征。一方面，语言是文化的载体，在语言自身的发展过程中，吸纳了文化的各种要素；另一方面，文化又蕴含在语言中，并通过语言来体现。

由于商务英语实际上是英语的一种变体，因此，商务英语翻译同样离不开文化的制约。文化对商务英语翻译的影响体现在词语、句法、语篇、语用等各个层面。译者要想在两种语言、文化与思维方式之间自如地进行转换，也就是顺利地进行商务英语翻译工作，就有必要了解有关时代背景，或有关国家的政治、经济、社会历史、风俗习惯、文化生活等各方面的知识，增强自身的跨文化交际能力。只有这样，才能将文化因素融入翻译过程，译出符合不同文化习惯与特征的高质量译文。

（四）政治素养与职业责任感

译者必须具备良好的政治素养。良好的政治素养是指译者能够运用正确的立场、观点和方法来分析、研究原文内容，确保译文准确、恰当地传递原文的思想。此外，从事商务英语翻译工作还要求译者具备高度的职业责任感。所谓职业责任感是指译者必须意识到自己肩负的使命，要有兢兢业业、一丝不苟的态度，对不熟悉或不明白的东西要勤查多问，不望文生义，不草率下笔。译者肩负着重要的责任，稍有不慎就有可能造成重大的失误，如造成巨大的经济损失或不良的政治影响。因此,译者一定要有一种责任感,对于任何翻译工作都要认真对待,不能草率应付。

在翻译过程中,高度的责任感是不可或缺的。严谨、端正的工作态度贯穿译前准备、翻译之时和译后校核三个阶段。没有这份责任心,即便语言、文化功底深厚,实践经验丰富的所谓"大翻译家"也会犯一些幼稚的错误。

译者应以认真和严谨的态度来对待商务英语翻译,切忌敷衍了事、不求甚解,或望文生义而造成译文的不正确。商务英语翻译的任务是正确地将原文信息传递给译入语读者,使两种文本功能对等,包括内容、风格、语气等,不夸大其词,使译入语读者通过翻译接收到的信息及形成的"映像"不被歪曲,甚至与原文内容相去甚远。商务文本往往是国际经济合作和贸易活动据以操作的法律文件,具有法律效力,一着不慎,就会引起法律后果。比如,一份行文严谨的中文合同被翻译成错误百出的英文合同,这样的译文要么会令当事人失去贸易合作机会,要么会给当事双方带来贸易摩擦和经济损失,因为合同常常会有诸如"本合同中英文版本具有同等法律效力"的规定。

(五)商务沟通能力

对外贸易发展迅速,各种国际商务活动层出不穷,给国际商务从业人员带来了挑战。涉外企业和机构最需要的是商务语言应用能力强、熟悉对外经贸和商务岗位知识及技能,具有动手与动口能力的商务英语人才。

商务英语译者要具备较好的沟通能力。良好的沟通能力可以在一定程度上培养企业的团队精神,使其顺利完成制定的目标。商务英语译者不仅要重视与本企业内部各部门、各成员之间的沟通,还要重视与合作伙伴,即国际商务活动中的合作对象的沟通。涉外经济活动的对象来自世界上不同的国家,具有不同的文化价值观、行为准则、思维方式、态度和信仰等。这些差异很可能导致文化冲突,甚至导致生意上的失败。跨文化商务沟通能力可以帮助人们解决国际商务活动中由文化差异所形成的沟通与管理方面的问题。因此,应注意培养译者的商务沟通能力,以顺利开展商务活动。

第二章 商务英语翻译的技巧

第一节 商务英语英译汉的翻译技巧

一、商务英语词汇特点

准确性是商务英语翻译的灵魂。辨义就是对要翻译的文本字斟句酌，深刻理解，把握原文的确切含义，忠实地再现原文，争取在内容和文体风格上达到最贴近的对等。

但是，对等绝非单纯地字面对应，绝非机械地生搬硬套。例如，汉语中对"打白条"的翻译，如果盲目追求形式上的对等，逐字对应翻译成"to issue blank paper"，译入语读者看了就会觉得莫名其妙，不知所云。而如果用"to issue IOUs"（IOU 是"I owe you"的缩略词）来表达这一意思，读者一看就明白其含义。

词汇是构成语言组织的基本单位，能独立运用，具有声音、意义和语法功能。词汇翻译的成功与否决定着句子、段落，甚至是整篇文章的翻译质量。英语中的一词多义、一词多性、一词多类的现象很普遍，往往一个词在不同的语言环境中，其词义、词性大相径庭，这就需要译者认真理解原文的精髓，吃透原文的含义，将其准确、通顺地表达出来。

除此之外，商务英语还会涉及不同的领域，比如国际贸易、保险、金融等行业，这就意味着商务英语的翻译难度很大。在商务英语翻译的过程中，理解词汇的真正含义，才可以准确地完成翻译任务。

在探讨商务英语词汇英译汉的翻译技巧之前，先来总结一下英语词汇的特点。英语词汇的特点是"含义丰富，词义对上下文的依赖性比较大，独立性比较小"。也就是说当英语词语单独存在的时候，我们无法说出它的具体意义，因为它具有该词语在使用中可能具有的一切词义，只有依赖其所在的上下文或者该词语同其他词语的搭配或组合关系才能辨别其具体意义。普通英语中的词汇如此，商务英语中的词汇更是如此。除此之外，商务英语词汇还具有如下特征：

（一）词汇丰富

商务英语词汇的丰富性得益于商务英语语篇的丰富性。商务英语语篇指在各种商务活动中使用的正式的、非正式的文件，具有很强的实用性、丰富性、专业性等特点。根据商务英语的语言表现形式，语篇可以分为广告体、公文体和论说体三种类型。

广告体的主要表现形式是商业广告。商业广告的用词一般都比较简洁、通俗、富有趣味性，可以使人产生深刻的印象。广告词中包含大量的口语词、外来词等。

公文体的主要表现形式是商务信函、商务合同、通知等，这种类型的商务公文体以书面词为主，用词规范、正式、严谨。商务合同与法律文书会大量使用古语词，旨在体现商务合同、法律文书的正式性与规范性。

论说体主要体现在产品推广宣传词或演讲报告之中。这种文体的用词也比较正式，以书面词汇为主。

（二）介词和介词短语的大量应用

商务英语要求行文规范，尽量避免出现令人误解的词语与句式，通常会大量使用介词和介词短语。英语介词的使用频率比较高，可以搭配的内容也比较多；汉语的介词没有那么多的功能，使用的频率也不高。主要是因为汉语的介词大都是由动词演变而来的，没有很明显的区别，因此可以经常替换。

二、翻译技巧

商务英语的词汇十分丰富，再加上商务英语的专业术语较多、频繁使用古语词等，使之具有区别于普通英语的特点。因此，商务英语的翻译标准也与普通英语有所区别。基于以上关于商务英语词汇特点的分析，商务英语的英译汉可使用如下翻译技巧：

1.语体对等

商务英语的语体在不同的场合有不同的变化。商务英语的语篇类型可归纳为广告体、公文体和论说体三种类型。相应的语体也有所不同。公文体和论说体词汇以书面词为主，用词正式、严谨、规范、简短。广告体用词多趋于通俗化、口语化、简洁、生动，并富有鼓动性。

商务英语公文体和论说体主要使用书面语言，对于一些过于口语化与简单化的词语，可使用商务英语的正式的介词或介词短语替代。如下所示：

①because 会被 on the grounds that 代替。

②about 会被 with reference to 代替。

③if 会被 in the event of 代替。

④go on 会被 continue 代替。

⑤add to 会被 supplement 代替。

在商务合同中，也会经常使用一些具有法律意义的词语，这些词语有一定的法律效力。在翻译这样的商务公文体的时候，既要尊重文本，又要做到语体对等，使读者一目了然。这些词语一般包括以下几种：

①herein（此中，于此）

②in witness whereof（兹证明）

③heretofore（迄今为止，在此之前）

④infringement（侵害）

⑤hereby（特此，以此）

⑥hereof（在本文件中，关于这点）

2.术语对等

为了使译文更加契合原文，使翻译更加准确，对于商务英语翻译来讲，译者在翻译专业术语时必须慎重，不能为了翻译的效率而忽视翻译的质量，违背商务英语的翻译规律。

众所周知，商务英语翻译的最高标准是实现功能的对等。功能的对等要求译者站在整体的角度来把握商务英语翻译，而不是简单地将注意力放在单词上面。想要实现这样的翻译，就必须考虑到对词语的选择，尤其是对专业词语的选择。选择合适的词语有助于提升翻译的质量，相对地，选择不恰当的词语就会影响翻译的质量。

对英语有简单了解的人都知道，英语词汇具有一词多义性，同样的词在不同的语境中会有不同的含义，商务英语词汇也是这样。很多平时常见的词语或词组，在商务英语中很可能会有不同的含义。一旦某一个词在商务英语的特定领域中被冠以专业术语的称号，那么就意味着这个词在该行业内有一个固定的术语含义。

（1）security

示例：He gave his house as a security.（抵押品）

译文：他以房子做抵押。

示例：Treasury securities are revalued daily.（证券）

译文：国库券每天都重新估价。

（2）soft

示例：soft market〔（价格、价值或销售量）下降的，疲软的〕

疲软市场（即以低价或跌价为特征的市场）

示例：soft loan（宽松的，不苛刻的）

较宽松的还款条件/利息较低的贷款

（3）deposit

示例：In order to rent a car, you have to have a major credit card such as Master Card, Visa, or American Express. Without a credit card you may have to pay a very high deposit on the car.（押金）

译文：租车时你必须有一种信用卡，如万事达卡、维萨卡，或者美国运通卡。你若没有信用卡，也许得付一笔高额押金。

示例：The deposit rate is 0.8% every month.（存款）

译文：存款月利率是 0.8%。

3.介词短语翻译的灵活转换

如果介词短语在句中作表语，又脱离了原来的具体含义而引申为一种抽象含义时，汉译时常转换为动词。

在进行商务英语翻译时，译者要考虑到语体对等、术语对等和灵活转换的翻译技巧。商务英语中除了专业术语、专有名称外，大部分是普通常用词。但这些词语词义丰富、用法灵活。从上述分析中可以看出，在不同的场合和搭配中商务英语词语的词义有很大的不同。

综上所述，译者有必要熟练且灵活地掌握语言知识与专业技术知识，熟悉商务英语中大量的专业术语和翻译技巧，还要熟悉商务活动的相关规范与活动内容，这样才可以实现商务英语翻译的灵活转换，实现对原文的准确传递。

第二节 商务英语汉译英的翻译技巧

一、增译和减译

词是句子，甚至整个语篇的基本构建单位，如何选择恰当的词语，是译者在翻译过程中经常碰到的问题。汉语语言有其自身的特点，一个汉语词语也许对应多个英语词语，而英语词语之间又有着细微的差别，同时汉语词语的褒贬色彩、不同的语言环境也影响着对应英语词语的选择。在商务语境中亦是如此。因此，正确理解词语并确定其在特定语境中的确切含义，对于商务英语翻译至关重要。

由于历史渊源，商务活动最早是在一些欧美国家展开的，有关商务活动的一些词语也是在英语中最早体现的，在翻译的过程中，译者要尽量追本溯源，确定这些商务英语词语本来的意义。

虽然英汉两种语言之间存在很大的差异，但是通过适当的翻译技巧还是可以还原原文的中心含义的。在翻译的过程中，译者不能使用逐词翻译的方法，所以译文中必然会出现适当的增减。

（一）增译

所谓增译就是在译文中加词，使意思更加清晰明朗，而不会产生歧义。汉译英中增词的情况很常见，译者会出于语法结构的需要进行增译，在这种情况下，一般增加主语、宾语、物主代词、冠词、系动词等。有的时候，译者也会根据文章意思，增加便于衔接的连词、关系词等。

1.语法结构要求

汉语中没有主语的句子很多，但在英文中，主语是一个必不可少的语法成分，因此在汉译英的过程中，译者需要根据上下文补充主语。

示例：此次无法供货，深表遗憾。

译文：We are sorry that we cannot supply you with the terms required.

中文例句并没有说明供应货物的对象，但在英文中需要特别指出，因此译者也相应增加了宾语。

2.根据意思增加连词、关系代词和介词

示例：这次交易额巨大，而且目前国际市场又不稳定，除信用证付款外，我们不接受其他付款方式。

译文：Since the total amount is so big and the world market is rather unstable at the moment, we cannot accept any other terms of payment than L/C.

根据汉语语义，确定两个分句为因果关系，因此增译关联词"since"，更能体现两分句之间的逻辑关系。

（二）减译

减译，即词的省略，也是在商务英语汉译英时常见的翻译技巧。原文中有些词语从译文的角度来看显得多余，可以或必须删去。另外，翻译应该力求简洁明快，以简洁的英文表达丰富的原文思想。此外，汉语中经常加入一些修饰词，是为了结构需要或进行强调，在翻译时可根据情况适当进行省略。具体来说，在商务英语汉译英时可省略的词语大致可分为三种：

1.可能影响修辞效果的词语

在汉译英时，原文中有些词语，包括形容词、代词、名词、动词、副词和连词，省去不译反而更接近原文意思，更能体现原文修辞效果。

2.原文中重复出现或同义的词语

为了追求行文的气势或者音韵效果，汉语写作常常采用重复修辞手法。对单位信息量极大的汉语而言，重复手法的使用不会影响文字的简洁，而英文单位信息量相对较低，同样的词往往写出一个即可。因此，若在译为英文时仍保留原文的重复，可能造成行文滞重。因此，在汉译英时有时要省去中文重复出现或同义的词语。

3.不必要的表示范畴的词语

汉语里有一些词，如"任务""工作""状态""制度""情况""局面"等，当用来表示范畴时，会失去具体含义，一般可以省略不译。虽然有一部分词语与词组是构成原文意义的必不可少的成分，但是在翻译的过程中却没有保留的意义，可以省略。

二、转换

采用这种翻译技巧时，译者可以根据上下文语境选择合适的词语，使上下文能够意思完整。在商务英语汉译英中，我们经常进行转换，这是由汉英表达方式不同所决定的。

英汉两种语言的动词的数量、使用频率及方式并不相同。从总体修辞效果来看，英语呈"静态"，汉语呈"动态"，即英语较少用动词等表示动作意义，而汉语则多用动词。也就是说，英语在理论上以动词为中心，而实际上是名词、介词占优势；汉语理论上以名词为重点，而实际上是动词占有很大优势。英语的"静态"主要体现在多使用非限定动词、省略动词，将动词名词化，以及使用与动词同源的名词、形容词、副词或介词。英汉语言的这一修辞差异，使得在进行商务英语汉译英时，通常将汉语中的动词（不包括判断动词和能愿动词）转换为英语中的名词（包括非限定动词、独立主格结构）、介词、形容词、副词，而转换成名词是最常见的。此外，还可以将汉语中的形容词、副词转换为英语中的名词。

三、正译与反译

在表达一种观点或描述一种事物时，英汉两种语言都可以正说或反说。正译就是按照汉语的语序或者表达方式翻译成英语。反译与正译正好相反，指按

31

照与汉语相反的语序或者表达方式翻译成英语。不管是使用正译还是使用反译，效果都是一样的，只是反译更加符合英语的表达习惯，使用的频率也就比较高。

四、分译与合译

分译与合译是两种相逆的翻译方法。分译，顾名思义，就是将比较长而复杂的原句拆分成几个简单句，再用译入语表达出来。而合译则是将几个比较简单的句子翻译成长句。

合译具体应用到汉译英中须注意两个方面：

第一，增补关联词，把汉语的两个分句译成英语的一个复合句，使译文结构更加严谨。

第二，利用词、词组、各种短语和名词性从句将汉语的一个分句表达出来，从而将原文的几句话合并成英语的一句话，使译文更加简洁。

第三章 商务英语翻译的创新研究

第一节 跨文化视角下的商务英语翻译

商务英语翻译既是一种文本信息的传递，也是一种跨文化交际活动。由于中西文化的差异性，商务英语翻译难免存在信息传递不准确、不对等的情况。功能对等理论强调翻译不仅是词汇意义上的对等，还包括语义、风格和文体上的对等。本节探讨并分析了功能对等理论在跨文化视角下商务英语翻译中的具体应用。

随着世界经济的发展趋势不断走向全球化、多元化，各国商务往来愈加频繁，英语作为国际商务贸易的通用语言，在商务活动中的地位不容忽视。商务英语翻译不仅是语言载体，更是文化桥梁。商务英语翻译重在交际意图的达成，要想实现这一目的，既需要对跨文化影响因素进行正确的认知，尤其是风俗习惯、语言规律和交际情境等；还需要坚持功能对等理论的指导，不再一味地拘泥于对原文形式生搬硬套，只有这样才能确保达成翻译效果，实现信息等值。本节从跨文化视角简述功能对等理论的基本内涵、必要性以及应用的具体措施，分析影响商务英语翻译的文化因素，为增强跨文化视角下商务英语翻译的实际效果和信息传递的准确度提供参考。

一、影响商务英语翻译的文化因素

跨文化视角下，商务英语被广泛应用于全球范围内的商务环境和商务活动中，并从某种程度上决定着各国经贸合作能否顺利开展。商务英语具有专业性强、句式结构复杂、文体格式化等特点，如 balance（剩余货物）、losing party（败诉方）、backfill（回填）等都是非常专业的词。商务活动中产生的各类商务合同、商务信函、法律条文等也都具有极强的正式性、规范性，对商务英语翻译产生一定的影响。更为重要的是，由于中西文化之间的差异性，包括语言环境、风俗习惯和表达方式等方面，对国际商务英语交流的信息对等、翻译的准确性影响不言而喻，为了避免贸易双方产生歧义和误解，译者必须对跨文化交际中的差异进行剖析。

第一，语言表达方面的差异性。思想是行动的指南，语言是思想的外衣。语言具有深刻的文化烙印，人们通过各种表达符号进行沟通和交流，使语言成为人类最重要的交际工具。由于社会文化的迁移和发展，不同地域人群的语言表达方式也随之拓展和转化，这深深体现着文化的差异性。并且空间距离越远，文化差异越大。就中西方人群的语言表达方式而言，中国人的思维模式呈螺旋形，通常表现为"话里有话"。汉语中一些语句具有多种意思，需要结合具体的语境来理解；人们表达时通常不是直入主题，而是先进行铺垫，将重点内容放在后面。而西方人则不同，他们一般是直奔主题，将重点内容放在前面，并且表达无须铺垫，习惯有一说一，逻辑条理清晰。因此，在商务交流中，如果不了解西方人的语言表达习惯，那么很可能造成翻译信息错误。

第二，民族文化心理的差异性。民族文化心理是民族（成员）的集体性的心理走向、精神状态和精神定位。民族文化心理主要包括民族意识、民族感情和民族习惯等，不同民族的人群在民族文化心理上有明显的差异。如中西方人群对同一事物的理解就会存在较大的差异。民族文化心理具有特殊性，不同的民族文化心理造成了生活、交际上的差异。在商务活动中，译者要认清中西方在民族文化心理上的不同，才能确保翻译信息的准确传递。

第三，地域生活环境的差异性。环境对人的性格有着潜移默化的影响，文化的差异与地域生活环境的差异息息相关。这种差异性表现得较为明显，比如在中国，北方相对寒冷，南方相对温暖，北方人和南方人在话语表达方式上就存在巨大的不同——北方人比较直爽，南方人则比较委婉。由于中西方国家所在的经纬度不同，西方人比较崇尚西风，因为只有从大西洋吹来的西风才能给欧洲大陆带来温暖，也因此形成了许多关于"西风"的商业品牌；中国则不一样，在中国，西风带来的不是温暖而是寒冷，其文化境遇是"古道西风瘦马""断肠人在天涯"，东风则表示送暖，所以"东风"在中国具有很强的文化意义，"东风"汽车品牌就是这种文化的体现。因此，在商务英语翻译中，译者必须弄清楚地域生活环境的差异性，增强跨文化交流语言翻译的意识，这样才能使商务交际更有效、更顺畅。

二、商务英语翻译注重跨文化意识的必要性

国际商务活动通常是在跨文化背景下展开的，不同的文化造成了语言表达、思维方式、文化心理和地域生活等方面的差异。这就要求译者在进行商务英语翻译时有跨文化意识，除了保证商务英语的专业性之外，还要对翻译文本所涉及的各国文化有深入的了解，从而增强自身的跨文化意识，这样才能实现翻译信息准确和等值传递。例如，在商务交流中，汉语中的"龙头企业"表示某一行业的领军企业，这是一种褒义的表达，但在西方文化语境中，"龙"是邪恶的，是贬义的语言表达，所以在翻译时不能采用直译的方式。因此，译者切勿将"龙头企业"直译成"dragon-head corporation"，否则必然会引起对方的误解甚至排斥，极有可能导致商务活动的失败。

尤金·奈达（Eugene Nida）的功能对等理论把译文与原文的意义对等放在首位，把形式上的对等放在其次，这样的翻译能实现原语意义在译入语中的准确转换，给商务交流带来意义、空间的同一性，消除了文化上的阻碍，确保了

商务活动的顺畅进行。一般来说，商务英语翻译具有忠实（faithfulness）、准确（exactness）、统一（consistency）的原则，所谓"忠实"，强调的是要做到翻译信息等值传递，而不是追求语法和句子结构的一致性；所谓"准确"，强调的是译者在文本信息翻译中选词、概念表达、数字与单位使用要精确，注重译文的专业性；所谓"统一"，强调的是译文在译名、概念、术语方面应保持一致，避免误读，方便读者理解。尤金·A.奈达（Eugene A.Nida）的功能对等理论不仅遵循了商务英语翻译的三大原则，还消除了商务活动中双方文化、习俗等方面的差异，实现译文与原文表达的意义一致、内容一致，确保贸易双方获得对等的商务信息内容，保证商务活动的顺利进行，同时使得贸易双方的利益最大化。对于商务英语译者而言，增强自身的跨文化意识，将功能对等理论应用于商务活动翻译中尤为必要。

三、依据不同文化背景灵活选择翻译策略

从商务英语翻译的范畴来看，其主要涉及的内容包括商务合同、商务信函、商务广告、商标等，跨文化视角下商务英语翻译也围绕这几个方面展开。

商务合同是具有法律效力的文本类型，商务合同用语具有规范性、条理性、严密性和真实性等特点。商务合同用语规范性、专业性非常强，对译者的知识能力要求极高，假使译者词不达意，极有可能给贸易双方造成巨大的经济损失。因此，在翻译过程中译者不仅要熟悉商务业务、熟练掌握相应的专业术语，还要坚持商务英语翻译的准确性、专业性、灵活性和中立性原则，形成一套国际上可接受的公式化语言，这样才能实现商务合同信息准确无误地传递。译者在商务合同翻译中，可根据不同文化背景，灵活选用归化和异化的翻译策略。在商务合同翻译中，经常用到异化策略。比如，"You can count that shipment will be effected according to the contract stipulation."可以翻译为"您尽管放心，我们将会按照合同规定如期装船"，这样翻译能使译文准确地再现原文的意思。当然，适时使用归化策略也是尤为重要的，在坚持忠实体现原文主旨和正确理

解专业术语的基础上应用归化策略,有助于实现原文与译文文体风格方面的对等。

商务信函是商务活动中信息交换和交流的重要手段,在商务信息传递、商务相关事宜处理、贸易双方联络中发挥着非常重要的作用。可见,商务信函翻译是商务英语翻译的重点。商务信函具有专业性强、用语委婉、表达礼貌等特点,因此译者必须注重文化信息功能、文体风格的对等。此外,英语和汉语两种语言都注重礼节,但表达方式各有不同,译者在翻译时应该重视礼貌表达的问题,实现文体风格上的对等。

在商务英语广告和商标翻译中,译者要善于把握广告和商标内容的客观性和简洁性,不拘泥于英文自身的内涵。不但要体现出功能对等理论中的功能平衡宗旨,还要消除跨文化差异,考虑读者信息的对等。

总之,商务英语作为一门特殊用途的英语,具有独特的语言特点,即专业、简洁、精确、一致、严谨、规范、完整。大量案例分析结果表明,功能对等理论在跨文化商务英语翻译中具有指导作用,能消除中西方文化差异。具体应用要坚持"忠实""准确""统一"的商务英语翻译原则,结合归化和异化的翻译策略,确保在原文与译文之间实现最贴切的"对等",以促进商务贸易活动的顺畅开展。

第二节 图式理论与商务英语翻译的关系

当前,世界各国商业往来愈加频繁,商务英语翻译在经济活动中的作用越来越重要。译者作为连接原语与译入语的"桥梁",其翻译能力在语言运用和信息获取方面也变得愈加重要。图式理论是认知心理学家用来解释人们理解某件事的心理过程的一种科学认知理论。本节从图式理论的表现形式和功能两方面来解释商务英语翻译的过程。译者只有充分激发大脑中的各种相关图式，发挥其认知能力，才能更好地进行商务英语翻译工作。

一、图式理论的发展

图式理论最早由德国心理学家、哲学家伊曼努尔·康德（Immanuel Kant）于 1781 年提出。康德解释了图式理论的哲学内涵，即在人脑中已经存在的概念与认知概念的联系。他认为，当人们在理解新事物的时候，需要将新事物与已知的概念、过去的经历和背景知识联系起来。对新事物的理解和解释取决于头脑中已经存在的图式，输入的信息必须与这些图式吻合。如果大脑不具备相关的图式，或者虽然具备了相关图式，但由于种种原因未能激活它，那么就不能理解新事物。图式行为主要有两个原动力：概念驱动和数据驱动。概念驱动是指一个图式可以激发多个子图式；数据驱动是指多个子图式可以触动某个图式。这两种形式都很好地提高了人们的理解能力。因此，图式理论对于人们理解某个概念是非常重要的。

二、图式理论在商务英语翻译中的应用

（一）商务英语的特征

1.词汇特征

商务领域包括商业、营销、管理、旅游、后勤、国际经济法等，因此商务英语词汇非常丰富，其最突出的特点就是词汇的职业化程度高。普通英语中有很多词语都会出现在商务英语中，但加上商务语境后，意思可能与原来大相径庭。例如，commission 的基本意思是"一个由有管理权利的人组成的组织"，通常用来指"政府组织"，但 commission 在商务英语中表示"用来支付雇佣关系的佣金"。

此外，为了加快交易效率、节约时间，商务英语中还会出现许多缩略词，如 advertisement 被缩略为 Ads；Bills of landing 被缩略成 B/L；CIF 表示 Cost Insurance and Freight。这些缩略词在商务交易中经常使用。

2.句型特征

在商务英语中有许多有着复杂句法结构的长句，有时一句话甚至是一整段文字。如果译者没有分析清楚语法和句法结构，在翻译时将会感到理解有困难，翻译比较吃力。在商务英语中有许多类似的长句，加大了译者理解和翻译的难度。

3.结构特征

一般英语语篇的形式丰富多样，而商务英语语篇的形式大多是固定的。商务英语语篇的种类大致相同，都有着很好的逻辑性和连贯性。合理的逻辑包括合理的句子结构、段落以及文章思想。良好的连贯性包括句与句、段与段之间的连贯。因此，译者在翻译商务英语文本时，不应局限于字、词、句，而应该关注语篇结构和逻辑思想，这样才能快速捕捉有用的信息，提高翻译速度。

（二）图式理论在商务英语翻译中的作用

在了解商务英语的特征之后，译者可以通过图式理论来解决翻译中遇到的困难。从图式理论的角度看，商务英语译者必须建立相应的语言和内容图式，才能做好商务英语翻译工作。图式理论在商务英语翻译中主要有以下三个作用：

1.信息处理

"图式"是大脑中已有的知识，在翻译时这些知识能够将译者的注意力转移到熟悉的信息上，理解的过程就是脑中已有的信息和文本中的新信息交互的过程。当译者将先前的图式和文本信息联系在一起的时候，就能理解其中的意思。当译者接收新信息后，这些新信息将会定位图式中相关的点，译者需要根据翻译的要求自主识别、重组这些相关的图式来获得新信息的内涵。反之，译者没有和文本相关联的图式，则不能理解文本。如果译者脑中相关的图式足够，但是文本提供的新信息不足，亦不能理解文本。当译者对商务英语翻译有一定的基础认识，这些认识将以图式的形式储存在脑中，等接收到相关新信息后才被激活。

2.记忆提升

大脑的运作方式非常复杂，接收到一个命令之后，两个神经组就开始高速运作：一个接收、处理新信息；另一个存储相关信息来完成命令。换言之，理解的过程就是语言知识和图式知识相互配合的过程。上文已经阐述图式理论在处理信息时的作用。当译者在处理信息时，脑中的图式既能使其注意到重要的信息，也能够帮助其记忆这些重要的信息。之后这些信息将被添加到与之相关的图式中，从而增强这一方面的图式。通过这种方法，译者的记忆能力也能够得到提升。

3.理解力增强

理解不仅依赖文本传递的信息，还依赖译者自身的情况，如文化程度、文化背景、人生经历、艺术爱好等。假设一个没有商科背景的人阅读商务英语文本，就算查阅所有的单词并仔细分析语法结构，也很难理解文本。相反，有着商科背景的人就算在词汇或语法上有不足，也可以推测文本的意思，从而读懂文本。因此，有着商科背景的人推测文本意思的过程就是图式运作的过程。从某种程度上说，图式可以被理解为背景知识。在翻译前，译者需要广泛浏览商务英语文本，了解相关背景知识。通过了解文中的语言知识，译者能够在背景知识的帮助下分析并推测文本的意思。可以发现，在翻译的整个过程中，图式扮演着非常重要的角色。

图式理论自问世后就被应用于外语阅读教学中，并且在翻译领域也得到了广泛关注。本节通过探讨图式理论中语言、内容、结构图式与商务英语翻译的关系，提出了商务英语翻译中应加强国际商务知识、商务专用术语、套语以及商务英语结构的理念。图式对译者是否能出色发挥中介作用、使译文最大限度地表达原文的内容，具有不可估量的影响。因此，商务英语译者应经常扩充自己的知识面，丰富自身的图式，从而产出优秀的译文。

第三节 电子商务英语翻译的探究

当前，电子商务在社会发展中的地位不断提升，电子商务的快速发展深刻地改变了社会生产方式和个人生活方式。与此同时，消费方式和金融理财方式也随之发生了改变。要推动电子商务的国际化发展，必须强化电子商务在不同国家和领域的应用。因此，电子商务行业对于高素质语言人才的需求格外旺盛。本节主要介绍电子商务英语翻译的特征，分析电子商务英语翻译的现状，并重点探究提升电子商务英语翻译水平的对策，为促进电子商务人才培养提供一些参考思路。

当前，随着互联网的快速发展，经济全球化已经成为必然趋势。针对国际电子商务贸易的发展，我国提出了培养更多的复合型语言人才的战略目标，这进一步推动了电子商务英语的发展。电子商务英语翻译与电子商务交易活动之间有密切关联，提升电子商务英语翻译水平，对于促进电子商务发展具有重要意义。

一、电子商务英语翻译的特征

（一）专业性强

随着电子商务的快速发展，加之全球化进程加快，国际电子商务事业也快速发展起来。在这种时代背景下，我们需要更多具有一定国际交际能力的电子商务英语翻译人才。电子商务英语是一门专业性强的学科，其内容多样化。要想切实提升电子商务英语水平，需要强化对相关英语专业词汇的把握，熟练应用专业词汇和技术语言。电子商务英语中的语言应用在一定程度上要与普通英语进行区分，有时候普通英语中的表达与电子商务英语中的意思完全不一样，一些普通英语交际中的词汇在电子商务英语翻译中可能有其他的意思，还有很多相关电子商务业务中的专业术语等。这些都对翻译人才的专业性要求比较高，需要翻译人才具备一定的知识储备，对相关方面有一定的了解，并具备扎实的电子商务英语基础，这样才能为相关国际电子商务工作提供有效支持。

（二）精准性高

在电子商务英语翻译中，国际化电子商务文件的翻译要求准确，译文理解起来不能模棱两可。一般要保证这类翻译文件的语言表达严谨，不能掺杂个人情感和主观意见，应该保证译文的客观性、准确性。在具体的电子商务英语翻译工作中，译者需要保证译文和实际意思完全一致，不需要多余的点缀和修饰，避免双方出现理解上的偏差。这就需要相关译者在翻译的过程中能够保证语言和词汇应用准确，保证整体意思的表达精准到位。在具体的翻译过程中，还需要遵循一定的商务原则和谈判礼节，对于对方提出的建议一般采用被动语态或将来时态进行表述，针对提出的建议也需要保持礼貌、谦虚的态度，避免造成不尊重对方的情况出现。

（三）缩略词使用频率高

在电子商务英语翻译中，因为很多词汇都是电子商务领域的专有词汇，所以相关的专业术语、专有名词等都可能存在相应的缩略形式。译者在翻译电子商务文件的过程中，针对首次出现的这些词汇可以进行完全呈现，在后续的翻译中则需要适当使用缩略词或简称的方式来表述，避免重复、烦琐地表达，提升表达效率，方便读者理解。因此，相关译者需要掌握更多的专有词汇缩略形式的表达和应用，做好基础性的准备工作。

二、电子商务英语翻译的现状

（一）教学专业性不强，人才培养和市场脱节

目前，就电子商务英语翻译教学来看，教学内容宽而广，针对性不强。部分翻译教学内容仅仅是组织学生针对某次电子商务会谈或谈判开展翻译活动，没有为相应的行业进行具体的课程教学设计，缺乏针对性的电子商务英语翻译教学模式。因此，培养出来的人才往往和市场脱节。学生在毕业后要想从事电子商务英语翻译的相关工作，往往需要很长时间来适应，且这个过程也比较艰难，因为教师的教学内容和实际的工作需要关联不大。学生就业后需要学习的内容有很多，一些人因为存在畏难情绪，只能选择放弃，投身其他行业中。这样的人才培养模式和目前的电子商务英语人才市场发展是不相适应的，需要加快调整和转变。

（二）实践教学不足，人才的语言实际应用能力有限

电子商务英语翻译对于人才实践能力的要求比较高，因为很多电子商务英语翻译是需要直接进行同声传译的，所以需要翻译人员具备扎实的语言基础以及灵活的应变能力。这些能力是需要多在相应的工作场合中进行锻炼的，是需要通过积极参与电子商务英语翻译实践练习来获得的。目前，在电子商务英语翻译课程教学中，对于实践部分的教学工作开展严重不足，教学的重点主要放在学生英语语言基本功的建设上，教师仅注重强化学生专业词汇的积累，而忽视提升学生实际的语言应用能力，导致学生虽然考试成绩优异，但是在实际的工作岗位中表现并不理想。

（三）缺乏优质的师资队伍，翻译教学质量有待提升

目前，由于一些教师自身的电子商务英语翻译水平有限，且自身并没有相关的工作经历和经验，因此在实际的教学过程中，他们更多的是依据教材按部

就班地开展课程教学，忽视实践教学的重要性，缺乏对教学重点的把握。这种情况下，电子商务英语翻译课程的教学质量很难得到有效提升，这不利于电子商务英语翻译教学的发展。

三、提升电子商务英语翻译水平的对策

（一）做好市场调研，提升人才岗位适应性

2024 年 3 月中旬，中华人民共和国商务部中国国际电子商务中心发布了《中国电子商务人才发展报告》。报告显示，当前我国电子商务从业人数已超7 000万人。该中心首席专家李鸣涛表示，从需求看，直播电商、农村电商、跨境电商等行业人才缺口依然较大，达1 500万。但中国大学应届毕业生存在专业知识不扎实、视野不宽、知识面窄、知识陈旧等不足之处，这也是导致电子商务人才缺乏的主要原因。而在目前相关院校的电子商务人才培养过程中，仍缺乏一定的市场基础。对此，相关院校不仅要做好市场调研工作，确定人才的主要培养方向，并进行教学实践指导，还要优化人才培养的课程设置，保证电子商务英语翻译的教学成效，以此来提升未来毕业生的岗位适应性。

（二）强化实践教学，积极探索校企合作的路径

为进一步提升电子商务英语翻译人才的语言应用能力，帮助他们在未来的工作岗位中表现得更好，相关院校首先要积极建设校企合作育人基地，为学生提供英语翻译学习与实践的场所，营造良好的语言翻译学习环境。基地投入使用之后，可以定期开展"全封闭式英语训练营"，实现真正的全英语封闭式教学。其次，还应围绕英语教学实训基地的实践教学活动，对课程设置、课程体系进行相应的调整，突出技能优先的"教学+训练"理念。最后，除了开展电子商务英语翻译教学工作外，教学实训基地还可以承担跨境电子商务、英语夏令营等社会服务工作，如组建学生创业团队运营跨境电子商务项目等。通过有

效的实践基地建设，促进学生语言应用能力的不断提升。

（三）注重师资培养，提升教学质量

相关院校要完善电子商务英语翻译师资队伍建设，培养更多的优质教师，比如开展专业教师的培训教育工作、安排教师进入企业学习等，不断强化电子商务英语翻译技能传授，提高电子商务英语翻译的教学质量。

电子商务英语翻译人才是当前市场中的紧缺型人才，针对电子商务英语翻译的现状，相关院校要强化专业人才培养工作，积极探索电子商务英语翻译教学改革和优化路径，切实提升人才培养质量。

第四节 解构主义翻译观下的商务英语翻译

商务英语的翻译关系到生意上的事情，因此商务英语翻译工作看上去更像是一种商业性活动。随着经济全球化的到来，这种商务英语的翻译活动也越来越为人们所看重。解构主义翻译在一定程度上更新了传统的翻译观念和标准，从科学性、多元性和延展性等角度开展翻译活动。本节对解构主义翻译观下的商务英语翻译展开了研究与论述。

一、解构主义的定义

早在 20 世纪中期，法国的哲学家雅克·德里达（Jacques Derrida）就提出了解构主义，并在他的《声音与现象》《论文字学》等著作中进行了阐述，他也被誉为解构主义之父。解构主义在艺术、文学等很多领域都产生了极大的影响，翻译的语言学也因为解构主义而产生了很大的变化。解构主义是对西方传

统哲学观念的挑战，倡导的是一种开放、多元的体制，因此自其产生之时就一直被不同的声音所议论。

二、解构主义的翻译标准

在解构主义的观念下，语言的含义是可变的，语义和上下文的衔接是一个模糊的、多变的、动态的过程。我们所知道的词汇是有限的，而语言所能表达的信息是无限的，因此我们只能用有限的词汇来表达无限的含义。这种语言的新定义对于传统的翻译产生了极大的影响。传统的翻译在进行原文翻译时，都是围绕着原文的中心要义和主题思想进行重现。由于解构主义观念下的语言是多变的、多元的、开放的，因此读者会对原文的语言进行自我解读，并由此产生一些新的看法。同时随着时代的发展和文化的进步，译者在不同时期会对原文产生新的认识，并翻译出新的主题思想，读者们也会重新发现新的含义。因此，在解构主义观念下，翻译的标准是不固定的。

（一）多元性

翻译是由多种元素构成的。因为翻译活动是一个选择的过程，影响选择的因素也是多种多样的，如文本类型、翻译的意图、译者的审美和读者的层次等，很多方面都会影响译文的产出和对译文的评价。不同的译者可以以自身为主体来确立翻译标准，同时不同的读者也从自身出发来解读译文，因此翻译标准存在多元性。比如在品牌翻译领域，品牌名称翻译要以顾客为导向，遵循其特有的民族文化背景，有所避忌，有所张扬。

中国著名矿泉水品牌"乐百氏"被翻译成"Robust"。这个单词有"健康、强壮"的意思，完美地结合了品牌的意义和发音。并且，这个翻译符合西方国家的体育精神，既能体现该产品的本质又能反映文化背景。

（二）动态性

随着时代的进步以及文化的发展，语言中"所代表"和"能代表"之间的界定也越来越模糊。并且，随着文化和环境的不断变化，它们所表达的含义是具有动态性的，是在不断改变的。因此，在国际商务英语的翻译工作中，我们需要特别注意这些差异因素，并根据各自的背景和文化因素找出其相同点进行切入。不管是中文商标翻译成英文商标，还是英文商标翻译成中文商标，我们需要考虑的都是在翻译过后还能否保留其动态性。商标被翻译之后，消费者就会根据该商标对商品形成一个固定的观念，如果企业在后期的发展中想要全面地发展或涉及多个领域，那么这个商标将无法使用或达不到更好的效果。例如，KFC 在中国被译为"肯德基"，在音译上是行得通的，但是其已经根深蒂固地被中国人当成快餐的代名词，那么这个商标也就无法再进行其他行业领域的涉足，其适用的范围就已经固定了。而如 Pepsi，虽然其作为饮料被人们所熟知，但是人们同样知道百事还做运动鞋和运动服装等。因此，在进行商标的翻译时，译者需要考虑商标所代表的商品、联想义和发展需求。

三、解构主义翻译观下的商务英语翻译策略

翻译的目的是让原文和译文能在内容、传递的信息、文化和风格等因素上达到对等的状态。而在解构主义翻译观的指导下，可以让原文和译文灵活地达到对等关系，这对商务英语的翻译来说具有重要的指导意义。译者在对原文有了文化背景等因素上的认识之后，在进行翻译时可以更好地将原文的风格进行传递。如在翻译"三角债务"时，直译是 triangle debts，而这里的"三"是指"多方"的意思，所以应该译成 chain debts，读者也会更容易理解。

译者在商务英语翻译中经常会遇到专业性词汇，这些专业词汇大多都是复合词、普通词语的缩写等。如 FOB 是价格的常用术语，它包含了其特定的专业内容；insurance policy 应译为"保险单"，而不是"保险政策"；commission

应译为"佣金",而不是"委托"等。

解构主义的观念极大地拓宽了人们的视野,在商务英语的翻译上也是如此,它既能帮助译者全方位、多角度地对原文进行综合考虑,也能利用更加贴切的方式把原文信息完整传递出来。随着时代的进步和企业的发展,解构主义可以让商务英语翻译工作变得更加多元化,从而帮助商务活动顺利达到预期的目的。

第四章 商务英语翻译的实践应用研究

第一节 翻译行为理论在商务英语翻译中的应用

随着全球经济一体化程度的不断加深和国际贸易往来的持续深入，各国之间的联系越来越紧密，商务交流活动也越来越频繁。商务英语实用性强、指导性强，已成为各国人民经济、文化往来的首选应用对象。本节从翻译行为理论概述出发，重点探讨翻译行为理论在商务英语翻译中的应用，以说明翻译行为理论的重要意义。

目前，翻译研究日新月异，翻译理论层出不穷、种类众多，但是在翻译实践中能起到积极指导作用的并不是很多。20 世纪以来，翻译研究在激烈的学术争论中快速地发展，尤其是 20 世纪 70 年代以来，结构主义、形而上学的翻译理论逐渐被取代，行为理论成为当代不同翻译理论的基础。翻译行为理论实用性强，经久不衰，深受翻译人士的青睐，在指导翻译实践的过程中优势明显。

一、翻译行为理论概述

（一）翻译行为理论的概念

翻译行为理论是由德国翻译家贾斯塔·霍尔兹·曼塔利（Justa Holz Mantari）于 1984 年提出的。该理论以"功能"为目的来研究翻译理论并指导翻译实践。

按照翻译行为理论，翻译是一项有目的的跨文化交际活动，而翻译行为则是人与人之间的交互行为。翻译行为的主要目的是在遇到文化障碍时能够通过交际达成合作，这远远超越了传统理论把翻译仅仅看作翻译文本的观点。翻译行为是一种社会行为，它主要建立在翻译功能理论的基础上。在翻译行为理论中，通常都会对翻译过程中人物的功能进行具体的定位，通常分为发起者、委托者和译者等，他们可能在翻译过程中担任两个或者两个以上的功能职位。翻译行为理论将翻译的过程看作信息传递的过程，即不同文化信息冲破阻碍的传递过程。在翻译的过程中更重要的是满足委托者的功能需要，而不是保证翻译过程中的等价性。

（二）翻译行为理论的发展

在翻译行为理论的发展过程中，产生了一定的翻译原则。首先，翻译行为理论在翻译过程中需要从翻译的目的出发进行相应的活动，通过翻译结果确定翻译方法。在尊重委托者意愿的前提下，在直译和意译的翻译方法之间选择。其次，翻译行为理论具有一定的连贯性。在翻译的过程中必须保证文章内容、含义的可读性，让翻译过程中的委托者可以明确其中的基本含义。最后，在翻译过程中，翻译行为理论还具有一定的真实性，在翻译的过程中要按照原文的意愿进行操作，做到在内容和含义上忠实原文。

二、翻译行为理论在商务英语翻译中的应用

优秀的理论能够指导实践，并且能在实践的检验中不断获得新的发展。商务英语作为英语专业中实用性最强的一个专业，在各国的文化、经济交流中获得机遇，近几年发展势头迅猛。下面重点从商务英语的口译、商务信函和商务广告三个方面来具体分析翻译行为理论在商务英语翻译中的运用，以便更透彻地认识翻译行为理论并更好地应用理论来指导实践。

（一）商务英语的口译

在全球经济一体化的大背景下，中国的发展离不开世界。口译在中国作为一个新兴行业，近年来获得了较大发展。其中，电话口译凭借其独特的优势，引发了越来越多的人和组织的兴趣。

示例：

Seller: Do you mean that we'll have to make a reduction of 20 dollars in the unit price of our product? That's impossible.

Telephone interpreter：你的意思是我方的产品单价必须削减 20 美元吗？那可不行。

Buyer：我认为我们各自坚持自己的价格是不明智的，各自再让一步，便可成交。

Telephone interpreter: I think it unwise for either of us to insist on our own price. Each will make a further concession so that business can be concluded.

这个例子中有一句话的翻译十分巧妙，译者在翻译"That's impossible."的时候将其翻译成了"那可不行"。这一点与翻译行为理论注重过程的原则是一致的。如果译者在口译的时候不顾过程，仅仅根据 impossible 这个词，将其直接翻译成"那是不可能的"，不仅会表现出说话人的愤怒，还会激起对方的不满，那么合作也就无法继续了。相反，使用语气较为缓和的字眼，可以礼貌地让对方明白自己不可让步的立场，同时不会给对方带来任何的不满情绪。由此可见，口译中翻译行为理论的引导作用是十分明显的。

（二）商务信函

商务信函在商务活动中能有效地促进商务合作。一份措辞合理、表达恰当的商务信函能增进贸易双方的合作，因此分析翻译行为理论在商务信函中的应用具有一定的现实意义。

示例：惊悉先生贵恙，请问病况如何，是否严重？

译文 1：We are shocked by the knowledge that you are ill and we are wondering what kind of illness it is and if it is serious.

译文 2：We are sorry to hear of your illness and hope it is not very serious. We are sincerely looking forward to hearing your recovery from the mentioned operation.

通过仔细对比译文 1 和译文 2 可以发现，译文 1 虽然是直译，对原文也比较忠实，但是在遣词方面稍有不足。这是一封表达对客户关心的信函，因此选用 shocked、wondering 等单词欠缺考虑，导致整个句子关心的成分表达得不够充分。相比之下，译文 2 更符合商务信函的表达习惯，最主要的是传递了表达者想要传递的意思。因此，译者在翻译的时候一定要以读者为中心，这样才会产出合适的译文，达到预期的效果。

（三）商务广告

商务活动要想顺利进行，就必须有商务广告做铺垫。广告，从字面意思来看就是广而告之。广告在商业方面所起到的良好效应也是有目共睹的。因此，近年来学者们尝试从不同的角度研究广告翻译，并且取得了一定的成果。但是从现有的文献来看，大多数学者都是从德国功能学派翻译理论角度出发，以功能对等理论和目的论为主来研究广告翻译，几乎从未涉及翻译行为理论。因此，研究翻译行为理论视角的广告翻译，能为以后的研究提供一定的借鉴。

示例：白象电池

译文：White Elephant

白象电池在美国销售的时候，被翻译成 White Elephant，译者的本意是想突出"白象"，向人们展示一种力量和能量之感，然而白象在西方给人的印象是"华而不实"，这样就产生了误解，导致产品滞销。广告的目的在于增加白象电池的销量，获得商业利益，进而达到商业目的。然而，译者只注重"白象"的表面意思，没有充分考虑文化差异，没有实现广告宣传的意图，因此也就达不到广告的预期效果。

示例：何以解忧，唯有杜康。

译文：Nothing but Dukang Liquor to mitigate sorrows.

上面两个示例有相似之处，都没有考虑原语和译入语之间的差异。在国外，酒不仅可以消愁，还可以起到愉悦的作用。就杜康酒自身来说，不仅味美香醇，而且很有文化渊源，在中国久享盛誉。但是对于外国读者来说，这一点却鲜为人知，因此译文并不能传递出其中的意义与内涵，也很难吸引国外市场目标消费群体的注意力，自然也就达不到增长销售量的目的。

综上所述，翻译行为理论就是指从翻译的功能的角度对翻译进行定义，把翻译界定为"以目的为驱动，以结果为导向"的一类交际活动。它在商务英语中的应用，可以让商务英语的翻译过程变得更加人性化，并具有更多的真实性，进而从多个方向上提高商务英语在商业合作中的应用价值。

三、翻译行为理论在商务英语翻译中的价值

（一）确保商务英语翻译的准确性

商务英语主要指商务工作中常用的一些规范用语。与普通英语不同，商务英语不具有普遍性，而是具有一定的独特性，不可以用其他词语代替，所以在翻译过程中，译者要确保商务英语翻译的准确性。翻译行为理论的应用，在商务英语的翻译过程中可以将翻译的研究范围扩大，这对译者提出了更高的要求。在翻译行为理论中，将翻译看作一种跨文化的行为，可以及时找到对应的词组以及复合词，从而让翻译过程变得更加精准。

（二）提升译者在商务英语翻译中的作用

译者作为翻译工作中的重要组成部分，是将英语内容转换成其他语言形式的主要参与者。但是在传统的商务英语中，人们更注重机器翻译在其中的应用，认为商务英语中的词组具有一定的独特性，通过机器翻译可以明确表达其含义。事实上，对于商务英语来说，不同词组之间的结合可能构成不同的含义。

译者可以将文本中所表达的情感串联在翻译过程中，进一步加强译文的可读性和准确性。

（三）将商务英语翻译纳入文化交际中

人们对于商务英语的传统认知就是其是商务工作中的一种工具，但是通过翻译行为理论的应用，可以将商务英语翻译的过程逐渐转换成文化交流的过程，不仅仅是直译和意译的选择，而是将二者融合在一起，既可以通过翻译客观地表达其中的内容，也可以通过不同的文化信息赋予其不同的活力，将商务英语翻译看作一种政治和文化行为。

第二节 交际翻译理论在商务英语翻译中的应用

随着我国对外经济的快速发展，商务英语成为企业间沟通的桥梁，商务英语翻译也成为对外贸易中的一项重要工作。交际翻译理论符合这些要求并被广泛地应用到商务英语翻译中，使翻译达到了更好的效果。本节通过对交际翻译理论的基本内容和交际翻译理论在商务英语翻译中的适用性两方面进行分析，阐述交际翻译理论在商务英语翻译中的应用。

一、交际翻译理论概述

英国著名翻译教育家彼得·纽马克在 1981 年提出了语义翻译和交际翻译，并把文本做了明确的分类，包括表达型文本（expressive text）、信息型文本（informative text）和呼唤型文本（vocative text），强调了翻译时要紧贴原文。

纽马克的语义翻译理论主要强调对原文作者的思维过程进行重现，并侧重对单词和句子进行语义分析，使译文的形式更接近原文，从而达到形式和内容的一致。交际翻译更注重读者的理解效果，讲求译文应与原文本的效果尽量接近，因而翻译中要确保原文与译入语读者进行有效的交流。纽马克认为，在翻译中，使用的方法是按照文本性质的不同进行选择的。按文本类型划分，像小说、信件等文学文本，能够体现出作者和文本本身的，都属于表达型文本；而有些文本的主要目的是要表述文本的内容和传递相关信息与知识，此类文本属于信息型文本，这种类型的文本要求内容的严谨性和书写格式的规范性，并且在大部分的领域都可以应用；呼唤型文本的主要目的在于得到读者相应的反馈，把读者和作者紧密地联系在一起，如指南等属于呼唤型文本。纽马克认为，在表达型文本中，使用语义翻译比较合适，而交际翻译比较适合在信息型文本和呼唤型文本中使用。

二、交际翻译理论在商务英语翻译中的适用性

（一）对各国文化不对等现象进行合理调整

全球经济一体化不仅给各个国家带来了巨大的机遇，也带来了挑战。由于各个国家存在地域差异，导致其民族文化、风土人情和生活习惯等存在着巨大的差异，各国的文化也出现了不对等的现象。而交际翻译理论的目的就是把原文的主旨通过适当的语言表达出来，实现译文的文意和原文的文意相同，读者的感受与原文作者相同，从而实现准确交际的目的。因此，在中西方民族文化存在巨大差异的情况下，译者要了解和掌握不同国家、不同民族的文化，从而进行文化信息的等值传递。

在实际英语应用中，经常会出现同一个词在不同文化背景下具有不同意义的现象。例如，兔子在我国是一种很可爱的动物，以"兔子"命名的"大白兔"奶糖深受中国人的喜爱。但是，在澳大利亚，兔子并不是一种受欢迎的动物。它们破坏草原，与牛羊争夺食物，破坏了当地农业的发展，因此澳大利亚人认

为兔子是一种不好的动物。由此可见，在对中国"大白兔"奶糖品牌进行翻译时，不能直接译成 White Rabbit，否则会给此品牌带来很大的负面影响。

（二）实现原文与译文之间的语义信息对等

交际翻译理论的观点表述了翻译的目的在于对原文的信息进行准确的传递，认为翻译中所做的所有工作必须服务于整体译文的翻译效果。而商务英语翻译的最基本要求就是要保持译文信息与原文信息对等，实现信息的等值传递。在这种情况下，译者在翻译部分特殊信息时，要根据不同的文化差异、不同的环境对信息进行相应的处理。在现实的商务英语翻译中，有很多译者对词汇进行了直译，使翻译前词汇所表述的信息与翻译后所表述的信息不等值，从而出现了很多错误。例如，我国很多"国家二级企业"被翻译成 state second-class enterprise，而 second-class 在英语中有"质量下降"的意思，这样翻译既破坏了企业的形象，也给企业的扩大和发展带来较坏的影响。我们可以把这个词语翻译为 state second-level enterprise，这样会好很多。

（三）要求用词必须准确、严谨

由于商务英语是一项专业的技术活动，直接关系着企业的经济利益，因此译者在进行翻译时必须用词准确、严谨，不仅表面意义要准确，还要能准确地传递深层含义。如果直接进行翻译，没有相应的商务知识做指导，译文就不能准确地表达出原文的意思，甚至会与原文意思相悖。例如，在日常生活中，我们会把白酒直接翻译成 white wine，从字面上来看，我们的翻译好像没有错误。但是在英语中，wine 一般特指以水果为原料酿造的酒，如 apple wine 等。当 wine 前没有任何修饰语时，它的含义是指葡萄酒，从字面意思来看就是"白葡萄酒"的意思。这样就使单词和表述的含义有所差别，从而出现错误。

三、交际翻译理论在商务英语翻译中的应用方向

（一）交际翻译理论在商务英语翻译中的直译应用

商务英语翻译一般分为直译、意译和转译三个部分。交际翻译理论在商务英语翻译中的应用并没有否定语义翻译在商务英语翻译中的地位。商务英语翻译中的直译主要分为两种：一种是含义直译，另一种为发音直译。含义直译是根据原文的词汇内容和语法结构进行直接翻译，不进行特殊的调整，如将 Misfortunes never come single 翻译成为"祸不单行"。发音直译，顾名思义，就是英语中有一些词语可以通过其发音来翻译成中文，并且这些词语的应用范围也较为广泛，如 model 可以直译为"模特"，salon 可以直译为"沙龙"。交际翻译理论在商务英语翻译中的直译应用，能够对本土文化进行保留，亦能够对其他国家文化进行融合，进而保证商务活动顺利开展。

（二）交际翻译理论在商务英语翻译中的意译应用

通过理解原文的内在含义，进行内容的形象表达，从而实现信息的传递，这种翻译方式是交际翻译理论在商务英语翻译中的意译应用。英语与汉语在很多表达方式上都是相似的，在英语中也经常会用到比喻的方式对某些事物或者动作进行表达。如果遇见带有比喻等手法的英语，使用直译的方法进行翻译就不能达到很好的翻译效果，也会妨碍双方的正常沟通和交流，如"He was born with a silver spoon in his mouth."，这个句子可以直译为"他出生的时候嘴里含着银匙"。但这种翻译很明显是不符合常理的，不容易让人理解此句话的深层含义。而通过交际翻译理论的意译应用，就可以把这句话用比喻的手法进行联想、翻译，进而真正表达出原文所要表达的含义。事实上，可以含着银匙出生的人说明他从出生就比较富有。因此，此句话可以翻译成"他出生在富贵人家"。在商事交际中，出现发音不清楚或者表达含义模糊的文本很正常，我们可以利用交际翻译理论对其进行合理的调整，这样才能达到更好的翻译效果。

（三）交际翻译理论在商务英语翻译中的转译应用

在商务英语翻译中，交际翻译理论的直译和意译在运用和表述上相对简单，浅显易懂，而转译就需要译者具有较强的专业技能和深厚的文化知识，才能把原文的含义表述准确。转译不能仅通过字面或者比喻对原文进行翻译，还需要把原文中语句所描述的事物转换成另外一种事物，并做出更多的调整，以此实现双方的文化沟通和交流。转译相对于直译或意译而言，难度增加了很多。例如，中文当中的"亡羊补牢，为时未晚"，在翻译成为英语之后，便会成为"Lock the stable door after the horse has been stolen."。该转译的过程中将"羊"和"马"进行了转换，能够令译入语读者更加清晰地以其语言习惯、思维方式对原文进行理解。交际翻译理论的应用能够通过一个事物转换成另一个事物的方式进行描述，也可以进行静态和动态的互转，最终达到信息的传递。

第三节 翻译等值理论在商务英语翻译中的应用

随着经济全球化的发展，英语的应用范围愈加广泛，在经济交流以及商务合作上也愈显重要。在商务英语的发展领域中，翻译等值理论受到人们的一致赞同，其提倡在翻译的过程中，应该将原文所具有的感觉原封不动地反馈给不同语言的读者。在商务英语翻译中运用此理论会增加译文的可读性，更加符合原有的信息表达，因而得到了广泛的推广和运用。

商务英语区别于普通英语，主要是因为二者在使用过程中所包含的领域存在很大差异。商务英语在普通英语的基础上，更为注重商业知识以及相关名词的使用，而普通英语中则很少涉及专业的商务用语。随着我国国际贸易的不断发展，商务英语的应用范围越来越广，其所显露出的价值得到了人们的充分重视。如果想理解英语商务资料，充分翻译好文本，就需要具备较高的专业理论知识。等值理论作为目前大多数人都比较赞同的翻译理论，在商务英语的实际应用中可以有效地解决翻译过程中遇到的难题，因此占据着不可替代的地位，是一种较为科学的翻译理论。

一、翻译等值理论的基本内涵

翻译等值理论的核心观点是"动态对等"，意思是，翻译不仅是为了将原文逐字逐句地翻译下来，更应该重视原文与译文之间的桥梁搭建，原文带给人们什么感受，译文也应该让人们具有这种情感体验。

根据美国哲学家艾弗拉姆·诺姆·乔姆斯基（Avram Noam Chomsky）的转换生成语法理论进行研究分析，可提出动态对等翻译的三个基本步骤，主要是将原文的含义用翻译的语言进行组织说明，从而实现译文与原文的语义及内涵对等。例如，"Nothing is impossible for a willing heart."翻译为"心之所愿，无所不成"。如果直译的话就是"没什么是不可能的，因为一颗愿意的心"，这样的翻译不能清楚地表达出原文的含义，原文的含义是隐藏在文字之间的，所以在翻译的过程中动态对等比直译更能使读者明白原文的意义。

翻译是将一种语言形式转化成另外一种语言形式，并且尽量保存原文思想内容的语言交际活动。将英语商务信函翻译成其他语言，语言的表现形式也会发生变化，保持原文和译文的等值，才会使读者在看了译文之后感受到原文的含义。翻译等值理论是目前国内外比较认可的科学翻译标准，是翻译界普遍认定的评定翻译作品品质的科学规范依据。在文学翻译中要求神似和形似，做到商业价值与作品本身的价值等值。在等值理论下，将具体传播的内容和形式作为传播的主体，进而实现二者的有效统一，这种翻译理论在商务谈判、法律文书中应用较多。

二、翻译等值理论的应用方法

（一）词汇的应用

词汇是商务英语组成的基本单元，商务英语中存在缩略词、普通词汇、特殊词汇、专业词汇、套用语等。译者在翻译的过程中要借助专业商务词典，注重词汇的对等原则，尽可能地节约时间、提高效率、保证规范、减少误差。

1.多义词的翻译

在英语的学习与使用过程中可以发现，大部分词汇都有很多种意义，并且在不同的情境下词汇意义也不尽相同。因此，在商务英语的翻译中同样存在这样的多义词。如果词汇翻译错误，很可能会影响译文的整体效果，从而给商务交往造成一定的困扰。

示例：credit 在下面的几个例句中就代表了不同的意思。

①We have obtained good credit in this transaction.

译文：我们在这项交易中取得了良好的信誉。

②Trust duty and punitive indemnification duty exert harm influences to debit and credit sides.

译文：信托义务和惩罚性赔偿义务均对借贷双方产生了有害的影响。

③A year ago, few people had heard of the term credit crunch, but the phrase has now entered dictionaries.

译文：一年前，只有少数人听说过信贷紧缩这个专业术语，但是现在这个词组已经进入了词典。

2.词性之间的转换

由于英语词汇中有许多词汇都是身兼多种词性，所以在翻译过程中要注意转换词性，根据前后词或者上下文进行翻译。

（1）名词做动词

示例：A sight draft calls for immediate payment on presentation to the drawee.

译文：即期汇票要求受票人见到汇票后立即付款。

（2）形容词做名词

示例：This contract for cars will be good for 8 months.

译文：这个汽车的合同有效期为 8 个月。

（3）动词做介词

示例：Please send us the following by the first train sailing for China.

译文：下列货物请装至下月第一艘驶往中国的班轮。

（二）句法的应用

商务英语的翻译应该本着句法对等的原则，这是等值翻译原则的实际应用。句法对等通常根据语境进行翻译，由于商务英语的用法和意义都是由语境决定的，因此在翻译过程中要注意灵活确定词汇的词义。同样，词语在不同的语言环境中往往具有不同的意思，在商务英语的翻译过程中，译者要根据不同语句所处的环境来界定具体含义。

（三）篇章的应用

在商务英语的翻译过程中要注重篇章对等，篇章对等的原则建立在词汇和句法整体对等的基础之上。在进行通篇翻译的过程中，由于商务英语涉及金融贸易、保险、财政等众多学科领域，同样的商务英语词汇因不同专业领域的差异可能会表达出不同的含义。因此，商务英语的等值翻译原则必须注重全篇的翻译效果。根据搭配进行翻译的优化，这是对译者阅读理解能力和对应知识掌握程度的挑战和考验。

（四）文体的应用

商务英语传递商务理论和实务等信息，其特点是词汇专业性强、句法规范正式、语言简洁明快、社交性极强。商务文体是随着商品生产和贸易的发展而形成的一种文体形式。商务英语文体不追求语言的艺术美，而是讲究逻辑条理清晰、结构形式严谨，要求翻译朴实明白、浅显易懂。因此，在商务英语翻译过程中，译者应该坚持文体对等原则，综合考虑文体的商务特性，令整个翻译过程严谨、精确、正式，不带个人色彩。

商务英语体现的是自信和专业能力，是一种张扬的语言内容。因此，翻译过程中应当尽可能地使信息增值和翻译等值完美统一，尽量做到文化信息对等，必要时可以进行符合文化特性的调整，从而实现跨文化交际情况下共同交际目的的正确达成。

第四节 商务谈判中的翻译原则及口译技巧应用

商务谈判以谈判双方实现共赢为重要前提条件。在具体谈判中，谈判双方的译者应当熟练地掌握翻译原则，具备丰富的商务常识、扎实的笔记技能以及灵活的沟通能力，这样才能实现双方的有效沟通，推动商务谈判的进程，实现谈判共赢的目的。同时，译者需要严格遵循商务英语的谈判原则，熟练掌握口译技巧，并能熟练应用。本节针对商务英语谈判翻译的几个基本原则进行分析，探讨口译技巧的应用策略。

一、商务谈判中的翻译原则

（一）礼貌原则

礼貌原则是人们日常交流中的重要原则，在商务英语谈判中也需要严格遵循这一原则。礼貌原则主要包括表扬、同情、赞同和谦和等内容，应用这些原则的主要目的是适当减少自身利益，激发对方的好感，增进谈判双方的感情，进一步加强双方的合作关系，从而获得更为长远的利益。

在许多商务谈判中，谈判的双方分别处于不同的文化背景中，应当保持友好的态度，以礼示人，给对方留下较好的印象，为国际贸易的往来营造出良好的气氛。不同的国家有着不同的文化背景，在实际谈判中要尊重不同文化，在坚持礼貌原则的前提下开展谈判工作。

在实际的商务谈判中，虽然有些话直接表达出来足够准确和清晰，但是可能会使对方无法接受，影响谈判效果。谈判双方固执己见，只忠于表达自己的观点，且急于反驳对方的观点，这样的谈判势必不能获得较好的效果。其实，谈判双方应当在可接受的范围内，从情感角度出发，使用委婉、缓和的语言来消除彼此之间的隔阂，建立彼此之间的情感联结，使双方能在和谐、融洽的氛围中进行谈判。举例来说，如果对方的交货时间太晚了，可以委婉地表达成"Your goods should arrive earlier."，其含义是"贵方的货物其实可以更早一些抵达"。这样的表达暗含着一种批评，也能给对方留足面子，避免双方产生冲突，使双方能够在良好的氛围下进行接下来的谈判。在实际谈判中，直接向对方说"不"是十分不礼貌的，会将谈判带入僵局，严重影响谈判的效果。为了避免出现这种情况，谈判人员务必注重礼貌原则，尽量使用委婉的语句进行交谈。例如，在谈判中使用"Would you ... if we ..."这样的语句表达，能为谈判双方留有一定的余地。

另外，商务谈判是一种十分费时费力的工作，在实际谈判中可以加入一些幽默的语言，既能缓解紧张的谈判氛围，也能增强谈判双方的感情，提升双方的谈判效率，进而达到谈判双赢的效果。例如：

Party A: Your products are very good. But I'm a little worried about the prices you are asking.

Party B: You think we about be asking for more?（laughs）

甲方：你们的产品质量很好，但提出的价格令我们担心。

乙方：你认为我们会提出更多的要求吧？（笑）

在长时间的谈判中，谈判双方很容易产生一定的消极情绪，乙方的幽默能缓和双方之间的紧张氛围，让双方的情绪变得更加稳定，使谈判顺利进行下去。在实际谈判中，适当的幽默能给对方一种素质高雅及豪爽、大度的印象，能为双方的进一步合作提供保障。在遵循礼貌原则的前提下，可以适当地夸赞对方，因为人们在实际交往中都喜欢被肯定、被赞美、被尊重，在国际商务谈判中，这种表扬策略也是十分有效的。表扬的形式可以结合谈判人员的实际情况，适当的表扬可获得对方的好感。但是这种赞美要建立在真诚的基础之上，不能是吹捧或者说一些令人感到肉麻的话语，否则会带来不良的影响，不利于谈判双方的情感培养。在实际谈判中，双方难免会有礼让和妥协，这时应尽可能向对方做出的让步表达谢意，从而为今后的合作与发展奠定基础。在实际谈判中遵守礼貌的翻译原则，能有效维护双方的友好关系。

（二）合作原则

在商务谈判中应坚持合作的原则，保证双方的交际任务顺利完成。合作原则包括关系、数量、质量和方式等原则。关系原则是指谈话应与既定目的保持关联性；数量原则是指在实际谈判中，谈话信息量要围绕现有的主题，保证不能超过实际需求范围；质量原则是指谈判的内容要真实、可靠，不能口说无凭，不能谈空话、假话；方式原则是指谈话语言要保证简明扼要、简练有序，避免存在歧义语句。交际的双方都要遵守合作原则，这样的谈判才能避免出现逻辑混乱的情况，使谈判双方的沟通更加顺畅、有效，最终达到谈判的目的。

商务英语谈判要注意谈判内容的真实性、可靠性、针对性和准确性。谈及谈判，人们更多地会想到谈判的技巧，可谈判更加需要真诚、信赖。在企业贸易往来中，业务洽谈需要将真实、可靠作为基础保障，为贸易双方提供真实、可靠的信息，保证在商务贸易中涉及的产品数量、质量、服务信息、价格等内容准确无误。像"We can offer you this in three different levels of quality."需要明确地告诉对方我方有不同质量的产品，报给对方每种产品的最低价格。"The economy model is about 30% less."使对方清楚地感受到我方的诚意，了解到真实可靠的信息，保证合作的顺利进行。

在实际商务谈判中，要保证使用清晰的语言，避免歧义信息的出现，如时间、价格、质量等重要的信息，都要具体到实际数字，尽量不使用模糊的词语，如 likely、maybe、probably 等。这些模糊的词语表面上比较好听，但其实很容易让人误解，并且很难让人产生信任感。因此，在实际英语谈判翻译中，要尽可能避免不准确的词语出现。在实际商务贸易交流中，英语谈判翻译的使用语要具备较强的针对性，使谈判双方能始终围绕谈判主体进行谈话活动。特别是商务活动日益频繁的今天，贸易往来更加注重实效性，所以在实际谈判中，与谈判内容无关的话题尽量不说，避免出现不好的结果。例如：

Party A: What is the price difference?

Party B: No one can match us so far as quality is concerned.

甲方：价格相差多少？

乙方：就质量而言，无人能与我们匹敌。

在此谈判中，甲方问及的是价钱，而乙方的回答却不是价钱，反而将注意力转移到产品的质量上，这种商务谈判是不符合合作原则的，会给自身信誉度带来不利影响。在实际谈判中，受双方性格、年龄、文化程度等因素的影响，谈判语言的接受习惯会存在比较明显的差异。在实际商务英语谈判中，要结合实际情况进行语言对策的调整，最终实现谈判目的。

二、口译技巧的应用

（一）提升听力技巧

在商务英语翻译中，译者需要具备较强的听力能力及理解能力。译者不仅要进行听力和理解训练，掌握听力技巧，还要注重逻辑内容的训练，培养逻辑思维能力与理解能力。口译的关键在于"听"，这与一般意义上的"听"是不同的，译者"听到"的内容与其自身的兴趣与喜好，甚至是熟悉程度没有关系，只需要将"听到"的信息加以理解与翻译，继而产出口译内容。因此，译者提升自身听力技巧是十分必要的。

（二）加强记忆训练

商务英语翻译还需要译者具备较强的记忆能力和独特的笔记能力，译者应进行记忆与笔记能力训练。具体来说，数字与"工作记忆"都是译者进行记忆和笔记训练的重要内容。记忆训练不仅要选择一些逻辑性较强的短篇文章，达到强化记忆的目的，还要选择一些逻辑性不强的叙述性文本，以增强译者的概括能力。通过这两种文本的训练，译者就能在实际翻译中发挥个人的优势与价值。另外，译者的记忆技巧离不开笔记速记，这要与课堂笔记区别开来。笔记速记只是用于加强记忆，是在理解的基础上进行简短的记录，是一种独特的记忆诱发机制，因此译者不必将讲话内容全部记录下来。

就商务谈判口译来说，数字十分重要，一个简单的数字会关系到商务谈判双方的利益以及商务谈判是否成功。数字翻译能力也是考验译者职业能力的重要依据。因此，译者要注重提升自身对数字的记录与翻译能力，经过反复的训练，保证在实际谈判中不出现或极少出现错误。数字训练要注意基数词、序数词、分数、小数等。

译者务必明确汉英数字翻译中的一些重要内容。汉英的计数方式不同。在汉语中数字是以四位计数的，万、亿等是计数单位；而在英语中，数字则是以三位计数的，以 thousand（千）、million（百万）、billion（十亿）等为计数单位。例如，阿拉伯数字1207210472，按照汉语计数方式划分为 12|0721|0472，读作"十二亿七百二十一万零四百七十二"；按照英语的三位计数方式划分为 1|207|210|472，读作"one billion two hundred and seven million two hundred and ten thousand four hundred and seventy two"。

（三）提高表达技巧

在商务英语翻译中，译者需要参与讲话人、听话人之间的交流，实现双向的、同步的语言互动。译者，特别是对话口译者，既要扮演翻译角色，也要扮演调解人的角色，因此在三人同时存在的特殊情形中，译者会直接影响两个人间的对话效果。表达和交流技巧训练中主要包括两个部分，即肢体语言的训练和口头表达的训练。译者要注重声音的清楚、稳定，传递的口译内容不能过于单调和乏味。当然译者表达时也不能像演讲一样，而是需要抱有自然、真挚的情感，不能含糊不清。

总之，商务英语谈判中的翻译原则及口译技巧应用是十分具有现实意义的。英语是国际上重要的通用语言，商务英语谈判需要谈判者熟练掌握双语特征，为英语翻译奠定良好的基础。

第五章 商务英语翻译教学概述

第一节 期待视野下的商务英语翻译教学

期待视野是接受美学理论的核心概念。期待视野认为，作品只有在读者进行了具体阅读活动后才能实现其价值和意义。读者拥有自己的阅读期待，这种阅读期待不断地调整、变化和发展。期待视野理论给商务英语翻译教学提供了全新的视角，为更新教育观念、提升教学效果、培养学生"三创"意识带来更多启迪。

一、接受美学

（一）接受美学理论

接受美学理论是由德国学者汉斯•罗伯特•姚斯（Hans Robert Jauss）等人于 20 世纪 60 年代提出的文学批评理论，它打破了注重作者和文本分析的传统文学理论，把焦点放到文学作品的接受者——读者身上。接受美学认为，未被阅读的作品是一种"可能的存在"，"一部文本"存在大量"空缺"，只有读者的具体阅读活动才能填补这些"空缺"，从而完成从"文本"到"作品"的转化。读者在阅读过程中不是被动地接受文本，而是主动参与作者的创作活动，读者的接受过程就是文本再创作的过程，从而确立了读者主观能动参与的核心地位。

（二）期待视野

"期待视野"是姚斯接受美学中的重要观点，它是指读者在阅读理解之前对作品的一种心理趋向，可潜在地影响读者对作品的接受程度。由于每个读者的文化水平、人生经历、艺术修养、思想情操、审美情趣等存在差异，以及读者阅读时的目标、动机、兴趣、问题等不尽相同，所以他们拥有各自不同的阅读等待，对作品持有自己特有的理解。此外，读者的"期待视野"随着上述因素的变动和调整而改变、发展。

二、期待视野给商务英语翻译教学带来的启示

翻译研究的发展与文学批评理论的发展息息相关。商务英语翻译教学从期待视野理论中得到重大启发。在阅读文本之前，读者内心都会有某种期待，期待某些信息的获得，或期待某些审美情趣的获得。在翻译实践中，学生对文本的阅读基于特定的文化素养、生活历练、审美兴趣等，他们在阅读和翻译活动中怀有各自不同的期待。因此，学生对原语的理解以及他们的翻译水平取决于各自的期待视野。在商务英语翻译教学中，教师应直面期待视野的存在，设计留有悬念的教学内容，让学生产生期待，调动学生的学习积极性，从而提高教学效果。

翻译教学实践中个体差异取决于期待视野的差异性。只有读者的具体阅读和翻译实践活动才能填补未被阅读作品中的大量"空缺"，学生积极地阅读和翻译实践意味着对文本进行再加工与再创造。此外，学生的文化水平、知识程度、生活历练等方面存在差异，从而使翻译活动具有差异性。在商务英语翻译教学实践中，教师应该充分尊重学生的个性发展并注重培养他们的创造力。

翻译教学实践中期待视野的变化和发展有利于培养学生的创新意识。时间的推移、教育层次等因素的改变会对学生的文化修养、认知能力、审美情操、生活历练等方面产生影响，他们对原来的期待视野不停调整、修改、增补，从

而产生新的期待视野，进一步影响阅读期待和翻译水准。姚斯认为，读者的阅读体验与自身期待视野相同，读者会因作品缺乏创意或刺激力不够而觉得索然寡味。反之，若作品的意蕴超出读者的期待视野，他们会有兴奋感。在商务英语翻译教学中，如果教师设计的教学内容超过学生的期待视野，学生会充满兴趣，教学内容会被顺利接受，反之教学效果会大打折扣。

三、期待视野下商务英语翻译教学的创新实践

将接受美学理论的期待视野运用到商务英语翻译教学当中，教师必须改变传统的授课理念和教学模式。首先，教师应该合理安排课堂模式，创设商务英语翻译情境；其次，积极引导学生在阅读期待和翻译实践中与文本产生共鸣，充分展现翻译教学的创新理念；最后，科学对待期待视野，高效设计商务英语翻译教学内容。

示例：Both bed sheets and pillow cases in the factory are not available for the time being.

许多学生会快速将此句翻译为"这家工厂的床单和枕套现在无货供应"。接着教师提供另一例句："Neither bed sheets nor pillow cases in the factory are available for the time being."。此时学生会意识到前句翻译可能有误，因为他们对后句的翻译很有把握。教师向学生解释，前句是部分否定，后句是完全否定。所以，前句的正确译文是"这家工厂的床单和枕套只有一种有货"，而后句应该译为"这家工厂的床单和枕套现在无货供应"。教师通过这种导入式翻译教学法，不仅能满足学生的期待视野，让他们既兴奋又折服；同时还能让学生感受到商务英语翻译课所带来的快乐、新颖和挑战，从而激发他们追求新知识的热情和动力。

示例：The engine didn't stop because the fuel was finished.

这也是教师设计的有关商务英语否定翻译的例句。同样，部分学生会给出译文"引擎停止运转是因为燃料耗尽"。其实这里有个否定表达结构 not...

because，正确译文是"引擎并不是因为燃料耗尽而停止运转"。这能立刻引起学生的关注，因为他们的内心期待与正确译法差异很大，这让他们认识到自己的英语知识水平有待加强，从而极大地提高课堂教学效果。

示例：

（1）The canned goods are to be packed in cartons with double straps.

（2）The piece goods are to be wrapped in craft paper, and then packed in wooden cases.

这是两个选自商务信函的例子。学生给出 carton 和 case 两词的译文都是"箱子"，但是两者的意思有所不同，运用的商务语境会有差异，carton 常常指硬纸箱，而 case 用来指木箱。所以两句准确的译文分别为"罐装食品将以纸箱包装，外加两道箍""布匹在装入木箱之前要用牛皮纸包好"。教师做出合理的解释后，学生能更加明白商务英语翻译的复杂性与专业性。这里教师的教学设计超越了学生的期待视野，不仅能召唤并激发他们跨文化学习的热情，还能加深学生追求知识的紧迫感，使其认识到唯有不断增强知识储备能力，才能提高商务英语翻译能力。

示例：Notice of particulars of shipment shall be sent to buyers at such time and by such means that the said notice shall be received by buyer within 7 days after shipment.

这是选自商务英语合同的句子，大多数学生会采用直译法译为"卖方须在这样的时间和以这样的方式将装运详情通知买方，以便买方在装运后 7 日内收到装运通知"。该句中，两个较为模糊的短语 at such time 及 by such means，存在英汉语言差异和文化差异，学生的直译导致语义丢失，造成信息传递有误，产生了模糊信息。这种语言差异和文化差异正是期待视野中的空缺，需要在学生阅读翻译时去填补。因此，在翻译时需要对文本信息进行归化处理，填补"空白"。准确的译文为"卖方须及时以适当的方式将装运详情通知买方，以便买方在装运后 7 日内收到装运通知"，这样才更符合商务英语合同行文的要求，使译文意思明确。

示例：The medicine described is exercise, and it's emerging as a broad-spectrum tonic，recommended on a daily basis for nearly everyone from early childhood on up.

学生的译文是"这种药就是体育锻炼。作为一种疗效普及的健身药，每个人差不多从童年时代起就被推举天天服用这种药"。教师指出翻译有误，学生显得很茫然。乍看句子很通顺，实则照搬了原文词序，英语和汉语成分有时存在语序差异，如果一味地硬套势必造成译文含混不清。根据句子结构可知，it做主语，指代的是 exercise，emerging 和 recommended 同属 it 的谓语部分。译文错误产生于 recommended 被误认为是 everyone 的谓语。正确的译文是"这种药就是体育锻炼。作为疗效普及的健身'良药'，差不多从每个人童年时代起，体育锻炼就受到推举，要天天'服药'"。在商务英语翻译教学实践过程中，教师科学应用了期待视野理论，注重教学的亮点和重点设计，激发并满足学生的内心期待，从而使学生对枯燥的商务英语翻译课产生浓厚的兴趣。

引导学生实现不断变化的期待，最大限度地发挥学生的主动性。学生在阅读和翻译进程中，对教学内容不是被动地接受，而是积极主动地剖析，学生的期待视野可能得到证实，也可能被否定、冲破。在商务英语翻译教学中，教师应该及时而有效地帮助学生找出期待视野被证实或被否定的缘由，激励学生产生新的期待视野，激发他们强烈的求知欲。

"期待视野"会随着时代的变革发生改变。在商务英语翻译教学实际操作中，教师必须做到及时更新授课内容，紧跟时代的步伐，以便极大程度满足不同时期各层次学生的期待视野，极大地提高教学效果。

尊重期待视野的个体差异，培养学生创新、创造、创意理念。不同学生具有不同的期待视野。在商务英语翻译教学实际操作中，教师要充分尊重学生的个性特点，注重培养学生的创新意识。活跃、宽松、开放的课堂学习氛围非常重要，教师要多给学生提供更多、更大的创新发展空间。教师是学生学习知识的引路人，教师应鼓励他们积极参与课堂活动，使学生对所学知识产生兴趣并引发求知欲，保持求学热情，进而引导他们在培养创造性思维进程中努力做到求新求异。

将期待视野运用到商务英语翻译教学实践中，为商务英语翻译教学带来了全新的思想，让学生变成学习的真正主人。教师可以站在崭新的角度设计课堂教学活动，通过授课设计凸显学生在课堂学习中的主体地位，彰显学生的创造能力和创新理念。努力形成人人渴望成才、人人努力成才、人人皆可成才、人人尽展其才的良好局面，让各类人才的创造活力竞相迸发，聪明才智充分涌流。

第二节 框架语义理论视域下的商务英语翻译教学

由于商务业务往来涉及金钱利益和法律责任，一字之差就可能酿成大错，所以商务英语翻译一定要忠实原文，以免给买卖双方造成损失。尤其在涉及违约条款及事项时，译者必须更加严格、认真对待，严格忠于原文。

归根结底，商务英语翻译还是属于"语义"的转换。认知语言学的发展，在词义推理、词汇意义等方面给予了学者极大的启示，如图式理论、范畴化理论等已被广泛应用于商务英语翻译教学当中。框架语义理论是认知语言学的一个重要组成部分，探讨框架语义理论指导下的商务英语翻译教学势在必行。

一、框架语义理论的概念

"框架"的概念由美国语言学家查尔斯·菲尔墨（Charles J. Fillmore）提出。当时语言学界用来分析语言概念结构的主流理论是结构主义的语义学，最为突出的则是成分分析法。根据成分分析法这一理论，词义是由一组语义成分组成的。例如，"男人"可分析为"人类"、"成年"和"男性"三个语义成分，而"女人"可分析为"人类"、"成年"和"女性"三个语义成分。成分分析法就是这样帮助人们更好地理解语义。然而，这一理论也存在着问题，如对于"男人"和"女人"，性别是区分二者的唯一标准。但是英国语言学家约翰·莱昂斯（John Lyons）曾做过一个非常有意思的调查，如果问一个小孩，男人和女人的区别在哪里，他可能会说出许多特征，如头发的样式、衣服的样式、平常的行为等。因此，仅仅是在大多数成人的观念中，性别是区分男人和女人的唯一标准。莱昂斯的这些分析说明了，要把构成成分说成是最小的意义单位是困难的。在这种情况下，菲尔墨提出了框架语义理论。在框架语义理论中，显像指的是词语象征的概念（也就是我们常说的指称意义），它通常被称为概念显像；框架是一个表征各类体验的概念工具，但也能被看作概念成像所蕴含的概念结构或背景知识。菲尔墨曾这样定义"框架"这个概念，"当使用'框架'这个术语时，我心里想到的是一个互相联系的概念体系，对这个体系中任何一个概念的理解都必须依赖对其所属的整个结构的理解"。从某种程度上来看，语言的意义不在语言本身，而在许多认知活动所构成的框架之中。

二、框架语义理论指导商务英语翻译教学的可行性

翻译不仅是两种语言之间的转换，而且是一种跨文化信息的传递。翻译首先强调的是意义。商务英语涵盖经济活动的所有领域，在不同的商业活动中，同样的词汇可能会呈现不同的意义。框架语义理论是近年来比较热门的理论学说，在其指导下，商务英语翻译教学能够得到更好的发展。

（一）传统翻译模式与商务英语翻译教学有冲突

调查发现，许多学生在做翻译时通常会选择以下两种办法：第一种是字对字、词对词的翻译，即学生弄清楚原文中每个词语的意义，然后再把它们连接起来就得到整句话的翻译；第二种是一些英语专业的学生所采用的办法，即首先分析句子结构，然后把句子分成几部分再进行翻译。这两种办法都与教师长期以来的教授模式息息相关。第一种教学模式就是教师虽然注重每个单词的词

义，强调翻译中"意义"的重要性，但忽略了句子结构，只是教会学生对单词意义的简单叠加，然而这与好的翻译所要求的标准相距甚远。而第二种教学模式就是教师在课堂中教会学生如何分析句子结构和语法结构，然后告诉学生答案，让学生作对比。这两种教学模式无论是在形式上还是在内容上都与商务英语翻译教学相冲突。

商务英语翻译不同于普通英语翻译，它具有专业性、严谨性和准确性。同时一词多义现象也广泛存在，商务英语中的许多单词都是人们日常经常见到和使用的，但是在商务英语文本中却有着完全不同的意义。如 interest 这个词，人们常用的意思是"兴趣、爱好"，然而在不同的商务英语文本中却有着不同的意义。例如：

（1）Enclosed for your interest is our new brochure which summaries: BIP products and services.

译文：附上我们新出的小册子，供贵方参阅。该册子综述了 BIP 公司的产品和业务情况。

（2）Packing is a matter of great interest to our end users.

译文：对最终用户来说，包装十分重要。

这两个例句说明 interest 这个单词在具体的商务英语文本中不能简单地翻译成其用途最广泛的意义"兴趣、爱好"。因此，商务英语翻译教学并不只是简单的单词意义叠加。

虽然分析句子结构是一种不错的翻译方法，尤其是针对商务英语文本中存在许多长难句、被动句的情况，但是不了解专业术语的翻译始终存在局限性，学生只是简单地翻译出了他们所知道的原始语义，而没有进行复杂的推理和整合。众所周知，翻译是译者解释原语并构造译入语文本的过程，这是将文本与情境、社会和文化背景以及自己的经验联系起来的过程。所以只注重句子结构分析，不能做好商务英语翻译。

（二）框架语义理论指导与商务英语翻译教学相契合

框架语义理论中最重要的概念就是"框架"。什么是框架呢？意义的确定必须参照一定的背景知识体系，而且这一背景知识体系反映了理解者的经历、信念和实践。其中所提到的"背景知识体系"就是框架语义理论中所提出的"框架"。所以，商务英语翻译和框架语义理论是相契合的。因为商务英语本身就是普通英语的一种特殊变体，它是用来进行经济往来和贸易活动的一种专门用途英语，这本身就给商务英语这个概念划定了一个框架。商务英语翻译就是在这样一个框架中进行的，这正好与框架语义理论不谋而合。在商务英语翻译活动中，解释原语文本时，译者必须在特定语义框架中理解原语文本的每个单词。在译入语文本的构造中，译者应根据由原语文本中的每个单词提供的语义框架来再现或重构译入语中的语义框架。例如：

Without prejudice to any rights which exist under the applicable laws or under the Subcontract, the Contractor shall be entitled to withhold or defer payment of all or part of any sums otherwise due by the Contractor to the Subcontractor.

这句话中的 prejudice、withhold、defer、due 都是多义词，但是这句话中的其他信息能为它们提供具体的语义框架。在这一句子中，有"承包商""付款"和"分包商"的框架，在这样的框架下，prejudice 必然不会是人们常用的释义"偏见"，而应该是"损害"。由于 withhold、defer 与 payment 构成一组动宾结构，也就不难推测其释义为"保留"和"推迟"。因此，做好商务英语翻译，必须有商务英语文本所构建的框架，从而在这一框架中推测出词语的具体释义。教师只有这样引导，学生才能更好地进行商务英语翻译活动。

框架语义理论在一定程度上与商务英语翻译有契合之处。教师应在框架语义理论的视域下进行商务英语翻译教学，指导学生构建具体的语义框架，在具体的语义框架下进行词汇语义分析、语法分析和句子结构分析。教师需要扩充学生具体的知识面，如商务信函、外贸跟单、国际物流等方面，同时加强对学生认知能力等方面的训练，提高学生的逻辑推理能力、组织能力和联想能力等。

只有这样，学生才能更好地进行高质量的商务英语翻译活动，以保证译文的准确性和得体性。

第三节 建构主义理论视域下的商务英语翻译教学

为适应社会对于复合型人才的需求，我国外国语院校纷纷开设商务英语专业，并制定专门培养商务英语人才的课程。商务英语翻译课程旨在培养具有扎实的商务专业知识、广博的国际知识，以及熟练掌握英语听、说、读、写、译能力的商务英语人才。但受传统教学模式、教学理念的影响，目前商务英语翻译教学存在一定的问题，如教学环境单一、教学方法不能与时俱进等。

建构主义理论强调以学生为中心。教师在商务英语翻译教学中应以学生为中心展开教学，创设学习环境，引导发现式和探索式学习，进行翻译教学模式的探索与实践，提升学生的翻译能力和英语综合应用能力。

一、建构主义教学理论的基本主张

20 世纪 60 年代，瑞士心理学家让·皮亚杰（Jean Piaget）提出了建构主义理论，这个理论从全新的视角探讨了已有的教学模式，这既是对传统认知理论的发展，也是对已有的教学理论的挑战。建构主义理论认为，学生通过学习建构知识体系，他们学习的知识是借助其他人的帮助在一定的情境下获得的。建构主义理论强调"情境"的作用，重视"协作"在获取知识过程中的重要作用。建构主义理论指导下的教学是以学生为中心、以教师为组织者和促进者的教学过程。教师通过构建情境、促进写作、加强会话沟通等手段，充分激发学生的主动性和创新性，最终使学生实现对知识的意义构建。

第一，学生在知识建构中具有主动性。在建构主义理论指导下的教学过程中，教师十分重视学生已建构的知识体系，不再单纯地去输出知识让学生接受，而是在学生已有的知识体系基础上做加法，引导学生从原有的知识体系中生长出新的知识。这样的教学过程不是简单的知识传递，而是知识的生长，是学生主动学习的过程。

第二，教学情境在意义建构中的必要性。在建构主义教学理念的指导下，教师在教学中建立认知情境，促使学生在吸收知识的过程中自然融入认知情境；学生通过融入情境使已有的知识经验与新知识体系共同深化，从而建构符合学生自身发展状况的、有意义的知识体系。教师在创设教学情境的过程中，注重强调情境的真实性，学生在这样的教学情境中能够主动加工输入信息，加深新知识与旧知识之间的联系，从而实现新知识的建构。

第三，协作手段在教学中的应用。学生在交流、协作中会对学习内容产生更深的理解，这对于知识结构的建构具有非常重要的作用。教师应在建构主义理论的指导下对学生的交流、讨论进行引导。学生在教师指导下组成学习小组和学习互助组，对教学内容展开协商讨论，在此过程中教师与学生、学生与学生之间的碰撞可以实现知识的共享，这样的协作学习有助于整个团队完成知识体系建构。

第四，学习资源在知识建构过程中的作用。学生除了要在教师创设的情境中学习知识，还要充分利用学习资源。教师可以针对教材内容，充分利用学习资源对学生进行知识讲解与展示。另外，学习资源的有效利用还可以支持学生进行自主学习和自助式探究。学生通过搜索资源、利用资源，最终完成知识的消化理解。在整个获取学习资源的过程中，教师只起到协作、指导的作用，学生的主动性才是发挥学习资源有效性的关键。

二、用建构主义指导商务英语翻译教学

经济全球化对商务英语专业人才的需求越来越大，尤其具有扎实翻译能力的人才。虽然每年有数量可观的商务英语翻译类毕业生进入人才市场，但是真正符合翻译市场要求的人才数量并不多，商务英语翻译教学情况与翻译市场需求存在脱节现象。以建构主义理论指导商务英语翻译教学非常有利于改变这种现象。具体如下：

第一，实现以学生为中心的教学。建构主义教学理论认为学生在教学过程中居于中心地位，教师只是帮助学生实现学习目标的辅助者。这种教学模式能够完成学生从被动学习到主动学习的转变，彻底打破以教师为中心的课堂模式。相比于传统教学法，建构主义教学更注重培养学生的独立学习能力和学习的主动性，让学生主动发现问题，并且主动解决问题。在实际翻译教学中，教师根据学生的学习基础和认知能力创设翻译情境、设置翻译任务，让学生主动参与到翻译活动中，在活动中彼此学习、共同讨论，主动构建并灵活运用翻译技巧，提高学生在实际情境中的翻译运用能力。学生的主动性和创造性在教师创设的翻译情境中得到充分的发挥，这样的教学过程不仅是传递知识的过程，更是知识的转换与交流的过程。

第二，创设恰当的情境，设置翻译任务。在实际翻译教学中，强调翻译的实用性是每个商务英语教师都应该重视的。恰当的情境创设对于提高学生翻译能力，让学生通过对话、交流解决情境中遇到的翻译问题，从而促进知识经验的增长和翻译知识体系的扩充是非常有效的。

教师在教学中可以适当运用教学手段进行情境创设。首先，根据商务英语的特点，商务英语翻译教学应多维度推行，侧重于商务英语翻译的专业性和实践性，明确商务英语的语言特点，不能呆板沿用传统的翻译标准，应适当采用直译法、意译法、仿译法等创新性翻译方法。其次，将影片、音乐、视频等多媒体手段和网络资源引入教学过程中，让学生有沉浸感。在教师创设的情境中，

学生交流、翻译的积极性被最大限度地调动起来。例如，在商务广告翻译课中，教师可以给学生播放淘宝天猫"双十一"广告让学生进行汉译英翻译训练，也可以让学生观看亚马逊网站的广告进行英译汉训练。这样的同类型中英广告对比翻译，让学生在有限的时间内体会到翻译的灵活性。最后，可以对学生进行分组，让学生在交流中发现自己在翻译方面的不足，促进学生自主学习。在教师创设的情境中，学生可以自由参与，不把自己的翻译错误当作关注的重点，要敢于翻译、尽情交流，在自由平等的氛围中感受翻译的魅力。

第三，主动建构职业意识并贯穿翻译实践过程。教师在实际教学中应该主动建构职业意识并贯穿翻译实践，帮助学生积极完成校内实践和课外实习。在校内实践方面，教师应该在课余时间安排学生参加一些实训课，鼓励学生在创设的情境中尽情发挥。教师在实训课上向学生提供适当的学习资源，如提供一些真实的商务规划书、合同、文案、广告等，以此提高学生的笔译能力。商务人员往往面对的是来自多个国家的英语使用者，有些是英语国家的，而有些是非英语国家的。教师在提供语音或视频资料时，应该有意识地选择一些以非英语为第一语言国家的音频，让听惯了标准英语发音的学生实际感受一下这种可能会遇到的情况。在校外实习方面，教师应该为学生安排一些翻译任务多样化的单位进行实习。在校外实习时，很多学生存在的问题就是专业能力不足，在最开始实习时翻译不明白。在现实问题下，大部分学生都会选择主动查阅词典，丰富词汇量，进而把所学的翻译知识运用到职业翻译中来。这样的校外实习经历可以让学生逐渐形成职业译者应该具备的素质。

当今国际经济一体化趋势不断加强，国际商务活动日益频繁，招商引资、对外贸易、技术引进等商务活动无不涉及商务英语。在此大形势下，培养精通中西方语言知识、具有广博的国际商务知识和高超翻译技能的实用型商务英语翻译人才，是当前商务英语翻译教学的宗旨。商务英语具有十分明显的商业性、专业性和时代性特点，特定的文化背景和价值观在很大程度上影响着商务英语交流活动的结果。对于商务英语翻译教学来说，教学改革依然任重而道远。教师应在建构主义理论的引导下以学生为中心，打破传统教学的禁锢，让学生在教师创设的情境下完成翻译，促进学习、交流；帮助学生独立思考，解决问题。这样的训练会为学生未来的职业生涯打下坚实基础，学生在教师的引导下会逐渐意识到商务英语翻译的重点不仅仅是商务知识的运用，更是翻译能力的运用。建构主义理论的应用为商务英语翻译教学打开了新的大门，让商务英语翻译教育可以根据不断变化的环境进行调整，为学生主动创造建构知识的渠道，提高学生的综合素质。

第六章 商务英语翻译教学的认知体系与优化对策

第一节 商务英语翻译教学的认知体系

一、商务英语翻译教学认知

（一）商务英语翻译教学的认知研究

1.支架式教学的概念及性质

商务英语翻译教学的认知研究是以支架式教学为主的。支架式教学源于苏联著名心理学家维果茨基（Lev Vygotsky）的"最邻近发展区"理论。支架式教学更像是对教学过程的一种比喻，它将教学比喻成盖楼，盖楼时需要先将楼的支架搭建好，而教学也遵循一样的道理，需要教师先为学生设计好一个合理的教学支架，让学生在良好的教学情境和科学的教学环节中逐渐提升自己的能力与水平。学生能力与水平的提升是分层次和阶段的，其提高的过程就是从一个最邻近发展区发展到另一个更高的最邻近发展区。学生的能力逐渐提高，他们所需要的教学支架就越来越少，直到最后完全脱离。

目前，关于支架式教学的性质，不同学者持有不同的观点，有人认为它是一种教育模式，有人认为它是一种教育理念，还有人认为它是一种教学策略。笔者认为支架式教学更像是一种适应现代素质教育理念的新型教育模式，在这一模式下，教师作为课堂的"设计者"，使学生的主体作用更加凸显，并且能够最大限度地发挥学生的主动性、积极性和创造性。

2.类型

（1）商务英语翻译课程支架

商务英语翻译课程支架可以由情景式的问题构成。以学习公司所有制的翻译为例，最初教师可先为学生指定一个方向，让学生找出关于公司所有制的一切资料或内容，罗列出公司所有制的类型，接着逐一查询它们的英文翻译，最后总结建构出关于公司所有制的概念体系。这种做法可以有效地为学生奠定坚实的商务知识基础，扩充学生的知识体系。

（2）翻译技巧支架

翻译技巧支架主要针对的是在商务英语翻译中如何使译文更加贴切或者更加准确。一篇好的译文不仅仅需要译者具有扎实的语言知识基础，更需要使用必要的翻译技巧。商务英语翻译是一种应用型翻译，每一种文体都有自己的特点，在翻译时要根据不同的文体特点选择不同的翻译技巧。以商务合同的翻译为例，商务合同通常都是由很多长句组成的，并且所用到的大部分是一些专业性较强的词汇，是一种非常严谨的法律文件。在进行商业合同翻译教学时，教师应先为学生构建一个翻译技巧的框架，帮助学生逐渐掌握翻译的步骤和方法，最后实现翻译能力的提高。

3.理论基础

支架式教学模式的理论基础为建构主义理论。这一理论认为，学习是一个积极主动的建构过程，学生是学习的主体，教师在学生学习过程中起主导作用。在实际的教学过程中，教学支架由教师设计，教师需要通过这一设计来体现其主导作用，并且教学支架设计得是否合理直接影响支架式教学的效果。因此，教师在采取支架式教学时，应根据学生的实际能力进行匹配，并且对于支架的设置和撤离也要实施动态性处理。

（二）商务英语翻译教学的认知体系的构建

1.设计合理化的教学理念

翻译实际上是一个以认知为开端、以重构为手段、以交流为目的的表达过程。在解读原语文本的过程中，译者必须将原语文本背景中的每个词语放在特定的语义框架中去理解。译者翻译能力的高低一方面取决于其翻译才能，另一方面也离不开后天对于翻译素质的培养。在构建译入语文本时，译者需要根据原语文本中各个词语提供的语义框架来重构译入语中的语义框架。在传统的翻译教学中，一般是先对典型例句进行详细的结构和语法分析，然后直接给出答案，最后再进行类似的翻译训练。整个过程只是一个机械的答案输出和输入的过程，缺乏必要的理论指导和思考过程。但实际上，翻译技能的提升过程需要经过两个阶段，其一是情境性反应过程，其二是经验性反思过程。第一个过程是无意识或潜意识的，第二个过程是有意识的，这二者共同构成具体性综合认知系统。

因此，在商务英语翻译教学中，教师应当根据学生的认知特性设计一个合理化的教学理念，如通过学习小组的方式将学生划分成不同层次，因材施教；或者带领学生在众多的活动体验中寻求适合自己的学习方法，增强学习的主动性。一个好的教育理念可以充分挖掘学生的学习潜力，使其更好地融入课堂之中，真正体会到翻译带来的乐趣。

2.借助实用化的教学内容

学习商务英语翻译最重要的是将所学知识运用到实际中，因此这门课程也被认为是实用性较强的课程之一。既然课程重在实用性，那么在学习的过程中就要着重进行此方面的训练，而借助实用化的教学内容不失为一种好的选择。商务英语翻译课程的重要授课方向是进行金融、会计、商务贸易等方面的翻译培训，与其先对学生进行翻译理论的指导，不如让学生一边接触这些常见的文本类别，一边对其进行具体的翻译方法和技巧的教授。例如，在讲授"公司介绍翻译"这一专题时，首先给学生布置几个问题，让其在课前去查找资料并做好相关的准备工作。接着，在课堂学习时，可将全班学生分为若干小组，以小组为单位进行讨论。教师应采取各种激励手段，鼓励每个学生都积极参与。小组讨论结束后，每个小组推选一篇他们认为翻译得最好的公司说明范文展开探讨。在课堂上讨论翻译时，教师应尽量给每位同学机会，以锻炼学生的口语表达能力，减少在大众面前发言的紧张感。在学生发言结束后，教师应及时指出其在发言过程中出现的错误，并在课堂的尾声阶段与学生共同总结出有关公司介绍的主要内容和语言特点，以及公司介绍翻译中的翻译原则和常见的错误等。

3.采用情境模拟教学方法

情境模拟教学方法的语言理论基础是结构主义语言学。有关英语结构的主要课程活动是对语言结构的口头练习，这种控制性句型要在一定的情境中进行练习。许多英国语言学家强调语言结构和语境之间的紧密关系。语言被视为与目标有关、跟真实世界中的情境有关的有意义的活动。

情境模拟教学方法的学习理论基础是行为主义学习理论，即语言学习就是习惯的形成。它处理的是学习的过程而不是学习的条件。哈罗德·E.帕尔默（Harold E. Palmer）指出，学习一门语言涉及三个过程：首先接受知识或材料，然后通过重复把它嵌入记忆里面，最后在真实的练习中使用它直至它成为个人的技能。

情境模拟教学是一种深受学生喜爱的教学方法，在教学过程中通过模拟一些常见的商务英语翻译环节或流程，吸引学生的注意力，使之参与到实践教学中。情境模拟教学的优点可以体现在三个方面：第一，情境模拟教学方法能够充分激发学生的学习兴趣，提高他们在课堂上的活跃程度，增强课堂气氛和课堂效果。第二，情境模拟教学方法能够充分利用各种资源，通过多渠道、多方位、多手段的教学体系为学生创设一个逼真的教学情境，让学生在实际的商务演练中提高自己的商务英语翻译水平，增加实践经验。第三，情境模拟教学方法能够让学生在实训中锻炼自己的翻译能力，学生要想在创设的情境中获得合格的成绩和认可，就必须不断地努力接近商务英语翻译的标准，完善自己的职业操作流程，使自己的业务水平有所提升。

4.运用多样化的教学手段

商务英语翻译尽管是一门十分枯燥和无趣的课程，但是教师可以通过运用多样化的教学手段来增强课堂的趣味性。尤其是随着现代科技的快速发展，多媒体已经成为现代英语教学中不可或缺的教学手段之一，它所显示出的教学优势越来越明显，其优势如下：

（1）激发学生的学习兴趣。传统的商务英语翻译教学大多采用课本与板书相结合的教学模式，书本和录音机是学生学习英语的主要工具。而多媒体的使用让学生不仅能从书本录音中学习到英语知识，还能在图像、视频、动画中接触英语知识，为学生创造了一个相对真实的交际环境，让学生对英语的了解更加形象和具体。因此，学生学习英语的积极性更高，学习兴趣更浓，课堂教学氛围更好。

（2）提供多种学习途径。在多媒体出现之前，学生只能通过教师的讲解和阅读书本来掌握商务英语翻译知识，但自从有了多媒体，学生掌握知识的途径增多，不仅打破了时间的限制，也打破了距离的限制，能够获取世界各地的学习资料。另外，对于课上不理解的重点内容，学生也可以通过多媒体来寻求帮助，及时掌握教学重难点。

（3）突出学生的主体地位。现代教育学认为，学生是课堂的主体，在课堂中具有主观能动性，而多媒体的使用进一步突出了学生的这种主体地位。其原因有两点：第一，多媒体为学生创设了一个更加真实、更加开放的教学环境，学生参与课堂活动的积极性提高，改善了原来被动学习的局面，课堂教学交互性也逐渐增强。第二，多媒体为学生提供了丰富的课堂资料，学生参与课堂的机会变多，能够尽可能地满足学生在课堂完成实践任务的要求。

（4）增强学生的文化修养。要想让学生更好地学习一门语言，不仅要教授他们一定的理论知识，还要为他们普及一定的文化背景，创造一定的语言环境。这在传统的英语教学课堂中可能很难办到，但是多媒体的出现使这种教学方式成为可能。多媒体为学生提供了大量的语言资源，学生可以随时随地进行语言训练。在课堂上，教师还可以对学生进行有目的的文化导入，以提高学生的文化素养。

第二节 优化商务英语翻译教学的对策

一、商务英语翻译教学的现状

（一）学生的英语综合素质问题

尽管当代学生的英语水平有了很大的提高，但是经过长期的观察发现，很多学生的英语综合素质仍然存在以下问题：

1.阅读能力较差

阅读能力在英语素质中是十分重要的一部分。学生的阅读过程实质上是一个信息输入的过程。在商务英语翻译中，如果不能准确地接收商务文件所发出的信息，就会对商务活动产生很大的影响，甚至造成商务合作的失败。当前我国的商务英语翻译教学起步较晚，学生不能很好地区分基本的英语阅读与商务英语阅读之间的差异，因此也缺乏必要的阅读技巧。学生阅读能力较差，无论是在理解文章方面，还是在分析文章方面，都不能抓住核心要素，容易造成时间和精力上的浪费。

2.商务词汇量不足

商务阅读中往往会出现较多的经济、贸易、商务和社交等方面的专业术语，如果不能准确地掌握它们的含义，就会对整篇文章的理解出现偏差，甚至完全读不懂文章。而大部分学生的专业词汇和专业知识仍然不丰富，常常按一般文体的语义去推断商务情景的表达意义，这样一来，学生在商务阅读过程中只会一头雾水，能力得不到任何的提高。除此之外，商务阅读本就不像其他阅读类型那样容易吸引学生的阅读兴趣。学生的商务词汇量不过关，也会大大降低阅读兴趣，使得学习更加艰难。

3.专业背景知识贫乏

商务英语翻译教学是集商务与英语翻译于一体的英语教学学科，因此，只掌握英语翻译知识是远远不够的，还需要了解一定的专业背景知识。一篇商务性极强的文章拿给商务英语专业学生翻译，即使他知道里面所有专业词汇的含义，但是如果缺乏对背景知识的理解仍然不能做到融会贯通、翻译准确。而从当前的实际情况来看，大部分商务英语专业的学生都是初学者，对商务专业知识的掌握有限，也缺乏工作经验，在从事商务英语翻译工作时非常吃力。因此，要想真正解决这一问题，必须从加强学生的商务专业知识积累做起，如增设更多的商务知识相关课程、开展商务背景知识的阅读活动、举办商务知识大赛等，只有从源头重视起来，才能更好地提高学生的商务英语翻译能力。

（二）教学实践存在的问题

1.学生积极性不足

商务英语翻译教学与普通英语教学相比，最大的特征就是它是在普通英语的基础上又增加了商务专业的知识，因此，这也使得这门课程学习起来会更难。学生要想成为一名优秀的商务英语译者，不仅要有扎实的英语基础，还要通晓各种商务知识，这就要求学生在课业较紧的情况下，还要增加课外的专业阅读量，以扩充自己的知识内存。然而，现实情况反映出来的问题是学生在课堂上的积极性不高，不要说自主地扩充专业知识内存，就连本应掌握的内容也不能保证完全掌握，遇到问题不及时解决，导致最后积攒的问题越来越多。其实，这种情况的出现不是偶然的，而是与当前的教育模式有关。学生从小接受的教育是应试教育，这种模式造成了学生更多地依赖于老师的讲授，自主学习能力较差，不能主动地探索问题的本质，当遇到困难和问题时，如果没有老师的帮助与鞭策，学生就容易选择逃避，这样一来，学生学习的积极性不足，不愿意参与课堂实践与讨论，严重地影响了学习效果。

2.教学效能较低

随着当今的教育环境压力越来越大，学校总想通过较少的资源来解决大部分学生的需求，却忽略了学生之间的差异性，给商务英语翻译教学带来了很大的困难和挑战。学生水平参差不齐，兴趣差别很大，参与各种课堂活动的积极性差别也大，布置的任务对部分学生而言太难，而对部分学生而言又太容易，使教师的教学难以满足所有学生，无法保证全部学生有效学习。如果按照如今的教学现状继续发展，教学效能会越来越低。

3.跨文化交际能力缺乏

跨文化交际能力是除语言能力之外学生在学习英语的过程中同样重要的能力之一。商务英语翻译教学不仅要培养学生的语言能力和翻译能力，同时也要培养学生进行跨文化交际的能力，使学生毕业后能使用英语这个工具成功地进行跨文化交际。传统的英语教学模式导致很多学生缺乏基本的跨文化交际能力，跨文化交际意识不足，这就要求教师在教学中培养学生的跨文化交际意识，增强学生文化适应性和对文化差异的敏感性，引导学生在课外对西方文化进行自觉的接触。学生可以通过报纸、杂志、电影、电视、网络等媒体方式接触西方文化，通过耳濡目染的熏陶来了解西方文化，产生西方文化与中国文化的对比，形成兼承两种文化的意识特色，从而提升跨文化交际能力，在商务活动中更加自如地进行跨文化交际。

4.教学情境缺乏

商务英语最明显的特点在于它是"商务环境中所常用的英语""其语言教学的重心在商务环境"。因此，商务英语翻译教学首先要对学生的目标环境进行分析，让学生置身于具体的商务环境中，它能最大限度地调动学生学习的积极性，让学生参与到课堂中去。这就需要教师在教学过程中模拟真实的商务场景或将学生带到真实的商务场景中去，让他们亲身体验。而如今商务英语翻译课程教学中，教师将教学的重点放在语言本身的学习上，过分强调语音、词汇与语法的学习，忽视了商务英语应该定位在"语言能力"上。其次，现实教学中也难以得到真实商务背景下的教材辅助材料，如一些公司的年度报表、会议记录、纪录片等。

（三）教材存在的问题

1.教材选材缺乏时效性

一般来说，商务英语翻译教材中的文章应主要取自一些理论性较强的书、主流报刊和业界有影响力的网站，但是考虑到刚刚接触商务英语的学生水平较低，这些教材通常都是经过再次编辑加工而成的。而重新修撰所耗费的时间和精力较大，因此，商务英语翻译课程所选用的教材都是很长时间才进行一次更替。还有在部分商务英语翻译教材中，很多内容在商务英语等课程中已经出现过或训练过，这让学生有重复学习的感觉。同时，由于商务事件时效性强的特点，很多教材选用的文章已经成为历史，时效性难以保证。

2.教材编写模式缺乏实用性

目前，商务英语翻译教材种类繁多，但许多教材只是一些商务文章的简单罗列、零散素材的简单堆积，缺乏整体的规划和系统的安排，不能很好地辅助教师教学和指导学生学习，实用性差。商务英语翻译课程的教材编写不能简单地堆积素材，还应该有相关的背景知识介绍和对文章恰当的解释与分析，以及翻译理论和技巧的适当点播与全面的配套练习等。素材选择更应该整体规划，有一定的连续性、逻辑性和系统性。

3.教材配套练习缺乏系统性

由于商业教材市场的迅速壮大，市面上出现了大量参差不齐的教材和练习册，而学生只关心市面上有哪些教材，却忽略了对教材的甄选。市面上有很多商务英语翻译教材为了追求商业利润，通常都是"换汤不换药"，大部分商务英语翻译教材的配套练习设计单一，缺少系统的翻译技巧介绍和有针对性的实践练习，在翻译材料的选择上缺乏系统性和针对性，对于译文的解读也很浅显。更有甚者，不同教材关于商务英语翻译的教学目标、教学原则、教学内容也各不相同，很容易给学生造成困扰。

（四）师资建设存在问题

纵观当下的商务英语教师队伍，可以发现很多问题，如师资力量匮乏、专业化程度不高、缺乏实践经验等。商务英语翻译教学作为英语教学的一个重要分支，对于教师的选择和教师素质的要求是非常严格的。一个商务英语翻译教师不仅需要有扎实的英语基础，还要具备宽广的知识面和丰富的商业专业知识。但实际上，国内商务英语翻译教师多来自英语语言学专业或文学专业，主攻商务英语翻译方向的教师偏少，尽管他们拥有足够的语言优势，但在专业知识方面的涉猎依旧非常薄弱，再加上他们缺乏一定的实践经验，更是很难解决教学中出现的各类突发问题。由此，教师教得糊涂，学生学得浅显，也造成了当前商务英语翻译教学的不足。

二、商务英语翻译教学的优化策略

（一）课程设置

1.构建合理的商务英语翻译课程体系

一个合理的商务英语翻译课程体系应该依据商务英语翻译课程的特点量身设计。商务英语翻译课程是集英语教学、翻译技能教学、商务实践教学和人文素质教学于一体的课程，它不仅注重基础知识的运用，更注重各种能力的发挥。因此，在构建商务英语翻译课程体系的过程中要坚持"重视基础、拓宽口径、强化实践、提高素质"的原则，全面提高商务英语翻译的教学质量，平衡各项教学因素，既不偏向于某一种能力的提升，也不忽略对某一种能力的培养。在课程的目标设置上突出理论与实践相结合，围绕学生的发展与自我发展、培养与自我培养的中心，进行人才的再塑造。商务英语翻译课程体系的构建不仅需要确定人才所应具有的关键技术技能，还应根据人才培养的需要设计更加科学的教学内容，按职业岗位对知识和能力的要求来推进课程及教学体系改革，适应就业市场的实际需要。一个完善的商务英语翻译课程体系不仅能够突出对学生基本素质和应用能力的培养，还可以侧重对学生创新创业能力、就业竞争能力以及实际工作能力的培养，将学生培养成能力强、素质高的技术应用型、复合型专门人才。

2.提高商务英语翻译课程设置的综合化、整合化程度

如今无论是国际市场还是国内市场都急需商务英语专业人才，因此，当前关于商务英语翻译的课程设置应以培养 21 世纪国际通用型商务英语人才为目的，并且注重提高课程设置的综合化和整合化程度，实现学生职业迁移能力的提升。因此，在课程设置过程中要满足以下几点要求：

（1）知识与技能并存

知识的传授固然重要，但是也不能忽略能力培养的重要性。当代商务英语翻译教学课堂过于注重对知识的传授，弱化了对实际应用能力的培养，在以后的课程设置中要注意规避这样的问题，让学生既能获得必要的英语知识，也能获得一定的翻译技能。

（2）理论与实践并存

当前的商务英语翻译课程对于理论知识的传授要比实践活动的开展看重得多，学生在课堂上可以滔滔不绝地讲出一大堆理论观点，但却很少将其应用于翻译实践活动中，导致最后多是纸上谈兵。当代素质教育要求学生不仅具有一定的理论学习能力，还要掌握实际的操作能力，如探究能力、动手能力、收集和处理信息的能力、分析和解决问题的能力等。

（3）发展和联系并存

当前商务英语翻译课程依旧存在内容不合理、结构不完善的问题，要想让商务英语翻译课程设置实现新的突破和发展，就必须加强课堂内部和课堂外部的联系，调整课程内容，优化课程结构，重视学生的兴趣所在。

（4）整合与均衡并存

商务英语翻译教学课程不应被分解成英语翻译和商务两条平行线，在学习时进行简单的组合，而是要将二者进行合理的整合和规划，做出均衡的课程安排，让学生在学习时意识到这门课程是语言、翻译和商务的有机结合。

（5）评价与反馈并存

课程评价是商务英语翻译课程设置中不可或缺的一环，它在对课程功能进行评价方面起着非常关键的作用。但是评价更重要的目的是进行监督和推动，评价后的具体变化还要看反馈后的表现。

3.优化商务英语翻译课程设置的教学手段

对商务英语翻译课程教学来说，使用适当的教学手段不仅能够丰富课堂的活动形式，还能有效地提高教学效率。目前商务英语翻译教学虽然仍然是以课本教学为主的，但是这与教学手段的使用并不冲突，相反，适当利用一定的教学手段更能对教学产生一定的积极作用。教学手段存在的主要目的是辅助教学任务的完成，帮助学生更加生动化、系统化、形象化地理解、掌握和运用知识。但值得强调的是，教学手段是组成教学课堂的一部分，在进行商务英语翻译教学的时候不能为了教学手段的使用而忽略了整体的课堂要求和教学目标，也不能让教学手段成为整个课堂的中心，要能有的放矢、灵活运用。总的来说，商务英语翻译教学离不开教学手段的使用，它为翻译课堂提供了便利的教学工具和活跃的教学氛围。但教学手段也需要搭配教学内容和教学目标使用，只有将教学手段用于适当的时机和地方，才能对翻译教学产生最优的影响。

优化商务英语翻译课程设置的教学手段的优点有以下三点：

（1）课堂活跃，学生课堂参与度增强

教学手段的使用，尤其是多媒体的使用为商务英语翻译教学提供了更多实质上的帮助，如增强了学生在课堂上的参与度，营造了活跃、积极的学习氛围。以往学生可能只能通过书本、图片、录音来了解知识及其背景，如今多媒体的运用，让学生了解课文的渠道增多，不仅有平面的图表和画像，还包括更加生动的影像、音频、动画等方式。事实证明，多媒体手段的引入能极大地吸引学生的注意力，提高他们对英语学习的兴趣。课堂氛围是否活跃与学生学习英语知识的积极性其实存在着很大的关联，试想如果一节商务英语翻译课堂的气氛是死气沉沉的，学生都缩手缩脚，面对老师的提问无人回应，对于老师的讲解也无人做出反应，不仅是学生没有学习的热情，就连教师也会变得消极懈怠，敷衍了事。因此，适当地运用一些教学手段，活跃课堂气氛，调动学生学习的热情，使之更好地参与课堂，发挥课堂的主体能动性是十分必要的。

（2）节省时间，教师教学授课率提高

教学手段作为商务英语翻译课堂的辅助手段，其本身就有着工具性的特征，可以帮助教师更好地完成教学任务。以板书为例，传统课堂中教师的板书是必不可少的一部分，对教师而言，粉笔板书会对教师的身体健康造成不良的影响；对学生而言，板书也是笔记的一部分，学生不仅要花费时间和精力去吸收知识，还要分出一部分时间和精力用来记笔记；对于整个商务英语翻译课堂而言，不仅增加了教学课时，还打乱了教学的节奏。而具备多媒体设备的现代课堂可以很好地解决这一问题，教师在备课阶段完成教学课件，在上课时只需在黑板上写出本课的关键知识点即可，学生也可以将更多的时间和精力放在对知识的理解和掌握上，课堂效率大大提高。

（3）灵活方便，文化信息导入度提升

对于商务英语翻译教学课堂而言，在学生掌握知识的过程中更加注重其对知识背景和文化的导入，这不仅是为了满足教学大纲所提出的要求，也是学生在提升商务英语翻译能力的过程中必不可少的阶段。文化导入对于提升学生的文化素养起着非常重要的作用，学生了解相关文化背景知识的过程，就是对商务英语知识加深理解的过程。也就是说，有了良好的背景导入，培养语言的逻辑思维在学习英语翻译的过程中就会更加得心应手。在传统的授课模式中，教师很难在不借助任何辅助工具的情况下，将与文章相关的背景文化知识全面地传递给学生，但是通过多媒体这一能容纳大量信息的科技手段，教师可以为学生提供视觉、听觉的新感受，为学生了解英语国家的历史、文化及社会知识提供新途径。教师可以围绕学习主题组织播放各类相关英语电影或贴近时代气息、反映英美人现实生活的介绍片等音像材料来了解英语国家的政治、经济、史地、文学及当代社会概况。通过设置真实、自然的语言交际情景，灵活选用适当的训练方法，鼓励学生进行口头或笔头的翻译实践活动，启发学生按照英语国家的交际规范进行沟通。同时，教师可以在课前给学生布置关于文化背景知识的内容作为预习作业，让学生自己通过网络找寻相关的文化信息，并且制作成课件在课堂上展示。这样，学生不仅在课堂上接受了更多的文化导入，课后也完成了相关自主学习，从被动接受知识灌输转变成积极主动学习，很好地发挥了主观能动性，对于提高文化修养大有益处。

（二）实践教学

1.完善实践教学体系

（1）完善实践教学理念

在实践教学理念上，应实现以教师为本到以学生为本的突破。课堂的主体是学生，教师是课堂的引导者。学生不再是知识的被动接受者，而应该扮演一个参与自主学习和自我管理的课堂角色；而教师也不再是"填鸭式"教学的主体，而应该扮演一个促进学生自主学习的引导者和帮助者。

（2）突破实践教学内容

在实践教学内容上，应实现以知识培养为主导到以能力培养为主导的突破。实践教学重在实践，而实践活动最看重的就是能力水平的高低。也就是说仅拥有专业上的知识而不会应用到实践中去，仍然背离素质教育的初衷，只有提高专业技能水平，能够解决实质性的问题才符合标准。

（3）突破实践教学方式

在实践教学方式上，应实现从课堂内到课堂外的突破。课堂不应成为学生学习的一堵墙，教师要深刻认识到，学习不能局限于小小的课堂之中。除此之外，教师还要经常鼓励学生组建学习团队，自主探索学习奥秘，这样才能实现教学渠道与空间的多元化与立体化。

（4）突破实践教学目标

在实践教学目标上，应实现从单一教学目标到三维教学目标的突破。三维教学目标并不是三个独立的教学目标，而是指一个教学目标的三个方面，即知识与技能、过程与方法、情感态度与价值。在实现三维教学目标的过程中也要注重体现显性教学与隐性教学的有机结合。

2.全面实施实践教学体系

（1）实践教学与情境教学相结合

前面曾提到，情境教学能够让学生更好地参与到实践教学中去，增强学生学习的兴趣和热情，提高教学效率。将实践教学与情境教学相结合，是全面实施实践教学的重要环节，通过实践可以促进学生知识和技能的学习，通过实践可以促进学生职业素养的形成。

（2）实践教学与竞赛活动相结合

开展竞赛活动可以有效地增强学生学习的动力和热情，培养学生的竞争意识。将实践教学与竞赛活动相结合，让学生体会到亲自动手、主动探索的乐趣，并且有利于培养他们的创造性思维。

（3）实践教学与岗位技能培训相结合

实践教学可与岗位技能培训形成三个方面的结合，包括学生、教师、工程技术人员的结合，课堂、实训场所、企业环境的结合，以及教学、科研、工程项目的结合。这三个方面的结合，可以更好地指导实践教学。

（4）理论教学与实践教学相结合

实践教学不只是关于实践活动的探索，它还需要一定的理论做指导。理论教学与实践教学相结合，能够更好地指导学生实践，加深学生对理论知识的理解和实践过程的体验。

（三）教学方法

1.转变教学理念

商务英语翻译教师需要转变教学理念，实现教学方法或教学策略上的变通。例如，尝试不同的教学方法（案例教学法、整体教学法、任务教学法、合作教学法等），开展各种各样的教学活动，以及学会利用现代科技设备更好地完成教学任务。教学理念的转变虽然体现在教学方法的改变上，但是它更深层的含义代表着一种敢于创新的精神，因此是一个十分必要的优化策略。

2.改革提升评价体系

要对评价体系进行改革,弱化评价的筛选功能,实现评价在功能上的转化。学生间是存在个体差异的,因此在对学生进行评价时,必须重视其个体差异,采取多元化的评价指标,实现对学生的综合评价。对于课堂教学的评价,应强调对知识和技能的迁移,强调通过多元化的方式实现学生独立思考和学生间的交流合作,在教学过程中通过新的情境和问题,使学生迁移、应用所学知识。在进行评价时,还要注意定性评价和定量评价的结合。在评价主体的多元化上,应强调学生参与到评价中,结合学生自评和学生互评的评价方式。

(四)教材建设

1.优选授课教材

授课教材作为商务英语翻译教学中重要的教学资源,在课程中起到关键的作用。可以说,一份授课教材质量的高低决定课堂水平的高低,要想提高课堂教学水平,首先要从提高教材质量着手。而商务英语翻译教材相比于普通英语教材的专业性更强,要求更为严格,因此在编撰的过程中所花费的时间更多。商务英语翻译教材在教学目标的制定上不仅要培养学生的基本翻译技能,还应提供相关的商务专业知识,做到兼具全面性和具体性。

2.编写合适的教材

商务信息是不断变化发展的,在学习商务英语翻译知识的过程中,学生需要与时俱进。因此,在编写商务英语翻译教材时,更应在撰写和编排方面花费更多的心思,如根据不同地区的实际情况,因地制宜地设计教材;吸收国内外高水平教材的优点,合理增添新的内容;结合商务英语翻译的特殊性,对教材灵活编排等。

3.加强专业技能培养的教材建设

一本好的教材,就相当于一个好的助手,它能通过深刻的讲解和科学的内容安排解决大部分的问题。当然,就算教材编写得再优秀也会存在不足之处,因此,对教材进行必要的修改也是无可非议的。在对教材进行修改时,不应受限于教材的形式和内容，应该更契合课程目标的要求。例如，翻译的案例应多出现与商务英语有关的合同、投标意向书、商务信函等，而不是没有针对性的备忘录、日志、规范性文件等。另外，文件、信函、口语、听力、写作、应用、市场营销等方面的课程，要在与校外实践教学基地和外贸企业充分合作的前提下，根据职业综合能力要素及理论教学体系的要求，勾勒出每一门课程的实用技能要素，然后把职业技能目标层层分解到每堂课中，制定出针对性和操作性强的实践教材体系。

（五）师资队伍建设

1.完善教师的个人知识结构

（1）提升教师的综合素质

在素质教育中，教师具有重要的意义。学生具有向师性，如果教师的素质堪忧，那么培养出的学生肯定会受到教师的消极影响；如果教师的素质高，那么肯定会给学生带来积极的影响。教师提升自身综合素质的过程，也是提升学生综合素质的过程。

教师的综合素质可以分为两种：专业素质与思想素质。教师专业素质高，才可以将专业的知识传授给学生，如果教师专业素质都不过关，那么就无法确保学生可以学到真正的知识。如果教师的思想素质低，就会在潜意识中将不正确的思想传递给学生，学生不能接受正确的思想教育就会产生错误的思想观念。教师素质的提升有助于培养各方面综合发展的人才。

（2）提高教师的科研水平

在对教师综合素质的考察中，专业科研水平的高低是衡量一名教师专业素质的重要标准。教师作为高校人才的教育者，其本身也具备人才的基本条件，如果能在科研、实践方面得到良好的培训，对于教师本身的专业技能和专业水平的提升也有很大的帮助。

（3）提高教师的专业能力

教师专业能力的高低影响着其教育水平的高低，如果教师提高自己的专业能力，对于教学效率和教学质量的影响都是正面且积极的，因此教师应努力提高自己的专业能力。教师可以从实践活动出发，不断丰富自己的知识体系，将理论与实际有机结合，不拘泥于课本知识，勇于创新，勇于探索，最终寻找出一条适合自己的教育道路。

2.优化教师队伍的整体结构

（1）加快兼职教师队伍建设的步伐

面对人才济济的市场，学校可以将一些经验丰富、理论突出的专家和人才引进校园，聘请他们成为本校教师队伍中的一员，优化教师结构，提升教师队伍整体水平。这一做法既能兼顾理论与实践共同发展，又能开发出人才教育的更多方向，获得更好的教育效果。

（2）加快按需设岗、因岗聘人的步伐

要想保证师资力量在质量上的稳定性，就应对教师队伍结构进行合理的调整，保持翻译专业和商务英语的相互平衡。当下，院校的很多商务英语翻译教师都是从英语专业或文学方向转过来的，因此缺乏必要的翻译理论知识以及商业知识和经验。要让商务英语翻译教师学会角色转换，每切换到一种教学类型都具备与之相匹配的教学方法和心理素质。另外，学校应对那些选择继续深造的教师给予鼓励和支持，他们通过不断努力和学习，提高综合素质，提升专业技能，积累实践经验。

（3）加快引入竞争机制的步伐

引入竞争机制的初衷是想提醒高校教师应不断地进行自我完善，不要形成一劳永逸的态度和想法，社会竞争是残酷的，高校在用人制度上所采用的"终身聘任"制度已经不再符合现代社会发展的要求，需要重新进行调整或改革。通过引入竞争机制，教师的来源渠道被拓宽，教师从"终身聘任"变为"竞争上岗"，从"身份管理"变为"岗位管理"，激发了教师不断提升的动力，促进了行业的良性循环。

第七章 商务英语翻译教学模式的创新研究

第一节 基于语料库的商务英语翻译教学模式

全球经济一体化的推进，不但使商务从业人员需要具备更高的专业能力，而且对商务英语的专业教学发展起到了很大的促进作用。在商务英语翻译教学中，如何才能使学生的翻译能力得到高效的提升，已成为商务英语翻译教学过程中的重要问题。鉴于此，本节对基于语料库的商务英语翻译教学模式进行深入研究，以期提高商务英语翻译的教学效果，使商务英语翻译教学得到更好的发展。

近年来，我国与其他国家的交流日益密切，国际商务活动的开展变得越来越频繁，因此我国对复合型人才的需求也变得越来越强烈，这也使商务英语在高校中成为独立的专业。现阶段，很多高校都已开设商务英语专业，不过因开设时间较短，在商务英语教学中还有许多问题亟须解决，如人才培养模式规范性不强、评价体系不完善等。这些问题的存在都加剧了高校对学生商务实战能力培养的紧迫性。就目前来看，高校在进行商务英语翻译教学时，大多以模拟语料为依托，但这无法对商务英语翻译活动所具有的复杂性进行全面展现，其教学效果也会大打折扣。为此，深入研究语料库并将语料库应用于商务英语翻译教学之中，能够使商务英语翻译教学现状得到明显改善，进而在语料资源的有力支撑下，有效培养学生的商务英语翻译实践能力。

一、语料库在商务英语翻译教学中的应用优势

第一，语料库能够对商务英语在翻译实践过程中的实际情况进行真实展示。在商务谈判中，谈判双方能否从中获得更高的利益，取决于谈判结果。如果将商务谈判看作一个短兵相接的战场，谈判双方就相当于博弈的对手。如果在商务谈判过程中能够进行准确的翻译，则更有利于准确把握对方意图及目的。商务谈判过程中选择合适的话语也是非常重要的，这对谈判结果有着直接的影响。近年来，很多专家学者都对谈判展开了深入的研究，并得出在商务英语翻译教学中如果将模拟语料与人工语料作为依托，则会产生许多弊端的结论，进而导致商务英语翻译实践效果受到很大的影响。之所以会得出这样的结论，在于研究者是通过主观推测的方式形成模拟语料与人工语料，而这并不能与实际情况有效地契合。为此，本节在商务英语翻译中将真实语料作为依托，以确保商务英语翻译活动能够真实揭示其面貌，使商务英语翻译教学在选择语料库时能够以此作为参考和借鉴。

第二，语料库能够使商务英语翻译教学的材料变得更加丰富。目前，各个高校在进行商务英语翻译教学时，仍旧以人工语料和模拟语料为主，这导致语料难以具有较强的说服力，更无法与商务英语翻译进行紧密连接，从而影响教学效果。为了使这一问题得到解决，就必须将真实生动的材料作为商务英语翻译教学的依托，只有这样才能使商务英语翻译教学效果得到有效改善。

第三，语料库能够使商务英语翻译教学与其翻译实践进行紧密的结合，进而使教学效果显著提高。在商务活动中，各方都有着自己的经济利益考虑，这使学者在研究商务活动时，常常以自身经验为基础，导致教学材料单一、陈旧，难以反映商务英语翻译活动的真实情况，从而造成商务英语翻译教学脱离实践。因此，必须确保商务英语翻译教学的内容与实践进行紧密衔接，使教学质量得到根本性的提高。

第四，语料库对商务英语翻译人才的培养起到积极作用。商务其实是人们

对财富进行创造而产生的一种方式，并且和经济利益有着密切的联系，国家之间的商务谈判更是如此。我国自加入世界贸易组织以来，国际影响力与日俱增，这也使我国和其他国家的贸易交流变得越来越密切，相应地对商务英语翻译人才的需求也越来越强烈。为此，对商务英语翻译教学模式进行改革，使商务英语翻译人才的综合素质得到显著提高，可使我国企业在国际性的商务谈判中获得谈判优势。

二、语料库在商务英语翻译教学模式中的应用

在商务英语专业中，为了使学生的语言实践能力得到综合培养，教师经常采取"读写一体化"这一新型的教学模式。该教学模式既能通过识别与建构体裁的形式对学生的读写能力进行全面展现，也能利用体裁功能对学生所具备的话语实践能力进行检验。对于商务英语翻译而言，要想将读写进行有效的连接，使翻译实践教学效果得到有效的改善，就必须将商务英语翻译作为商务英语专业教学实践改革以及读写一体化教学模式中的重点。基于语料库的商务英语翻译教学模式，主要包括以下构建步骤：

第一，需要将语料库作为商务英语翻译教学的基础，对商务英语翻译教学模式中经常采用的语言形式进行总结。语料库是对语言材料进行存放的重要仓库，而这些语言材料都是商务英语在实际应用过程中真实存在的。将电子计算机作为载体，以此实现对商务英语语言基础知识的承载，并采取相应的加工手段，才能实现对真实语料的获取。

第二，采取统计分析方法来研究现有的商务英语翻译教材，并将其与语料库的研究结果进行对比。在此过程中，需要对国内现有的商务英语翻译教材进行采集与扫描，使其成为语料库，然后通过软件将制作的语料库和自建语料库实施比对，分析两者间的异同。

第三，对所制语料库和自建语料库进行对比，找出改进之处并重新编写，使其成为教学材料、实战练习素材和教学大纲。纠正现有教材和商务英语翻译

实践中的脱节之处，将找到的正确使用语境和语言现象的内容添加到真实语料库中。对真实情况进行模拟后安排学生演练，根据学生的演练结果，采集、制作成实战录像，使学生能够通过观看录像了解自己在翻译实践过程中与从业人员存在的不同之处并加以改正。

第四，在教学实践中应用编写的教学材料，采取问卷调查的方式对师生开展调查，对研究结果进行检验与修正。项目组需要咨询专家后再对具体的调查问卷内容进行设计，并利用 SPSS（Statistical Package for the Social Sciences，社会科学统计软件包）软件进行定量分析。通过对问卷结果进行检验，明确其教学效果，然后以师生的反馈对教学材料实施进一步改进，并撰写最终的研究报告。

三、基于语料库的商务英语翻译教学模式的应用前景

第一，基于语料库的商务英语翻译教学模式能够应用于商务英语翻译材料编写中。考虑到商务活动直接影响经济利益，一直以来，在商务英语的语料研究中，大部分是将模拟语料作为研究对象，这也使商务谈判中的真实情况难以反映出来。而真实语料能够对商务活动原貌进行真实展现，从而使研究结果具有更高的应用价值。

第二，创建商务英语翻译话语，并将其与语料库进行对比。在此基础上，收集大量的语料，然后对封闭语料库进行构建，通过收集实际教学中的翻译语料，将其与语料库中的语料进行对比，能够更好地揭示学生在翻译实践过程中取得的学习成果，从而使学生具备更好的学习能力。

第三，基于语料库的商务英语翻译教学模式能够用于开发多媒体课件。对译者的真实翻译场景进行录像，然后在课堂教学中进行应用，可以使商务英语翻译教学内容得到更直观的展现，其教学活动也将不再枯燥、乏味，进而能充分调动学生的学习兴趣，使教学效果得到根本改善。

第四，基于语料库的商务英语翻译教学模式能够在编写教学大纲及人才培

养方案中得到应用。国外许多国家都广泛采用真实语料进行教学，而且教学效果也非常理想。

第二节 词块教学理论下商务英语笔译课程的教学模式

　　商务英语具有鲜明的行业特点和独特的语体风格，并且含有大量的专业术语、缩略词和程式化句式。在经济全球化的今天，国际商务交流活动日益频繁，社会对既精通专业知识又能掌握一门外语的复合型、应用型的高素质外语人才的需求也不断增大，培养具有良好语言能力和跨文化交际能力、适应社会需求的外语人才已成为高校外语教学的主要目标。

　　综观高校商务英语专业学生的英语笔译能力现状，汉译英中较突出的问题是学生掌握的英语商务词汇量较少，语言表达中受母语的干扰大，在表达时"中国式英语"居多，容易产生译文不符合英语表达习惯、意义不连贯等问题；而英译汉中较突出的问题是学生不了解商务词汇和商务文体结构，语言表达的准确性和流利性有待提高。外语专业学生毕业后从事的商务翻译工作包括商务信函、法律文书、协议和合同等公文文体的翻译。商务英语翻译不同于基础翻译，商务文体含有大量的专业术语和程式化套语。本节基于英国语言学家迈克尔·刘易斯（Michael Lewis）的词块教学理论，将词块融入商务英语笔译课程中，探讨词块教学法在商务英语笔译课程中的教学模式、优势及其应用的可行性。

一、词块教学的理论依据

刘易斯认为，语言并非由传统的语法和词汇组成，而是由多个预制词块组成，这些词块分布在一个具有生成力的连续体上，形成人们理解语言模式的原始数据，语言习得的一个重要部分就在于理解和产出这些不可分析的整体词块。刘易斯还认为，大量的语言是由词块构成的，词块是事先预制好且被频繁使用的多个词的组合，这种组合有其特定的结构和相对稳定的意思。

南京师范大学教授马广惠将词块定义为"由多词组成，可以独立用于构成句子或者话语，是实现一定语法、语篇或语用功能的最小的形式和意义的结合体"。简言之，词块大于词、小于句子，是具有完整的意义或明确的功能的语言单位，并且词块是连续的、可以独立运用的。

词汇作为语言的三大要素之一，是人类表达思想、传递感情的载体。刘易斯认为，学习词汇是语言习得的中心任务，每一项能力的培养和提高都离不开词汇。他提出，词（lexis）可以包括四大类：单词和短语（words and phrases）、高频搭配（frequent collocations）、惯用话语（institutionalized utterances）、句子框架和引用（sentence frames and quotations）。词块具有的稳定性、扩容性和互选性，融合了语法、语义和语境的优势，能把知识和应用有机结合起来，进而激活真实场景，对提高学生语言表达的地道性和熟练程度大有帮助。

二、商务英语笔译课程的教学特点

商务英语是国际商务领域和活动中使用的英语，包括语言知识、交际能力、专业知识、管理技能和文化意识。江西财经大学教授邹美兰认为，商务英语的三个组成要素分别是商务背景知识（background knowledge of business）、商务背景中使用的语言（language in business settings）和商务交际技能（business communication skills）。商务英语既涵盖了商务理论类课程的知识体系，如报关实务、国际货运代理、国际结算、国际贸易实务、国际商法、商务洽谈、外贸单证和经济学等；又体现了语言基础类课程的应用价值，如大学英语、经贸英语、商务英语、实用英语写作、英语阅读和英语视听等。商务英语笔译课程旨在使学生养成和具备专业商务翻译人员优秀的职业素养与扎实的职业技能。

商务英语笔译课程是商务英语专业学生的主干课和必修课，课程的主要内容涉及对商标商号、名片、广告、说明书、公关文稿、企业简介、商务信函、商务报告等的翻译。因此，该课程有其鲜明的专业特点，书面用语高度专业化。具体表现在大量约定俗成的专业术语、缩略词以及商务文体中的程式化句式。具有相对固定的结构并且能够表达一定的商务意义的商务词汇，可称其为"商务英语词块"。商务英语笔译课程教学中，词块教学是使商务英语中公式化的词块进入以记忆为基础的表征体系的最佳途径。运用词块教学理论，可以将公式化的"商务英语词块"运用于商务英语笔译课程的教学。由于词块本身具有稳定性、扩容性和互选性的特点，对学生理解原语材料，有效构建译文，提高译文语言流畅性、句子连贯性和语义完整性有很大的促进作用。

三、词块教学运用于商务英语笔译课程的优点

（一）提高译文的专业性和准确性

商务英语的书面用语高度专业化，在商务活动的各环节以及协议、合同和单据等中存在大量的专业术语、缩略词。在商务英语笔译课程中，词块可体现出形式上的整体性和语义上的约定性，所以可将词块作为词汇的最小单位进行教学和学习。词块所具有的结构稳定性使其能够以模式化的结构和整体形式被记忆储存，在需要时能够被即时整体提取。学生经过一段时间的学习、积累和分类记忆商务英语词块，在翻译时就能绕过语法直接迅速地在记忆中检索并提取相应的词块，避免出现错误和不恰当的搭配，提高译文的流利程度和得体程度。因此，商务词块积累的多少会直接影响译者对原文材料的理解及译文

的质量。

（二）增强译者语感和语义表达的得体性

除了专业术语和缩略词，商务英语中特别是商务信函中会使用固定的句式，如 In view of these facts（鉴于这些事实），As requested we are sending ...（按你方要求现奉上……）等。英语商务信函具有语气委婉礼貌、用词简洁准确、行文严谨得体等特点。但受母语负迁移的影响，学生的译文常常不符合商务文本规范，语言表达不得体，出现"中式英语"的现象。词块作为预存在学生头脑中的语言知识，可以直接应用到语言输入和输出的过程中，词块中的固定句子框架能帮助译者完成商务文本中相应句子的建构或篇章的建构，使译者在熟悉相应商务文体的固定句型的基础上，语句表达礼貌、得体。通过词块中固定句式的积累，译者的语感会逐渐增强，在翻译时语义表达也会更为得体，从而大大地提高译文的专业性。因此，掌握词块库中的固定句式对于句子翻译、篇章翻译都大有帮助。

（三）建立并保持学生的信心和学习热情

学生在学习商务英语笔译课程时，常出现畏难情绪。在教学中，教师通过短时间的词块竞赛、游戏活动、词块听写、词块中英匹配、短句翻译等活动，能够帮助学生建立信心，使学生在学习活动中获得成就感，以激发他们学习词块和完成翻译任务的热情。随着词块记忆和转化能力的逐渐加强，学生在翻译过程中能够克服母语负迁移，对部分需要翻译的内容可以在自身的词块记忆库中直接调取使用，减少了部分语言转化和加工的负担，学生的学习压力和焦虑感也随之降低，更有利于课堂教学活动的开展。

四、词块教学运用于商务英语笔译课程的有效策略

在商务英语笔译课程的教学中，商务词汇量大且某些词块的重现率高。因

此，将词块教学作为商务英语笔译教学的突破口，不仅能为学生进入深层次的学习打下良好的基础，还能提高商务文本翻译的准确性和专业性。

（一）增强词块意识，形成词块记忆和学习习惯

在学生首次接触商务英语笔译课程时，教师要有意识、有目的地帮助学生建立词块意识，提高学生对词块学习重要性的认识，引导学生在学习中积累商务类型的词块。通过对同一词块的普通词汇意义和商务词汇意义的比较，激发学生学习商务词块的兴趣，如 general average 应译为"共同海损"而非"总平均数"，article number 应译为"货号"而非"文章号码"，sight draft 应译为"即期汇票"而非"视线稿件"，down payment 应译为"预定金"而非"付款"，等等。

学生通过对比同一词块的普通意义和商务意义，能较快地形成词块意识，自觉积累商务英语词块。教师还应提供商务词汇学习工具书、商务英语词汇学习网站、商务英语词汇记忆（游戏）软件等。此外，教师还可在每次上课时先提供给学生十个商务词块的中英对照，给学生 3～5 分钟进行记忆，然后进行听写或中英文词块的匹配练习，帮助学生在短时间内强化记忆商务词块。经过一个学期的积累，学生能掌握近 200 个商务词块。学生通过这种有挑战性的活动，养成定期记忆和积累词块的习惯，进一步增强语感，为以后从事商务翻译打下良好的基础。

（二）进行商务词块分类，建立动态商务词块库

商务英语涉及的范围很广，在长期的商务活动中形成的固定词块很多，因此，对商务词块进行分类并建立动态商务词块库是指导学生进行有效记忆和提高笔译能力的有效方法。教师可根据商务活动的环节，将词块按建立贸易关系、询盘、还盘、包装、装运、保险、索赔等进行分类，然后在网络交互平台、网络论坛或博客中建立"商务词块库"。教师可要求在词块库中每类词块只能添加 15 个常用的词块，再把全班学生分成小组，每周每小组负责词块库中某一

类词块的添加。学生可以以小组形式添加通过参考书、网络或在学习中积累的词块，之后每周每小组轮流到词块库添加另一类词汇。各小组添加的词块都上传到网上的共享空间中，教师每周会到词块库中检查和更正，把各小组对词块库的积累作为期末评定成绩的一项指标。鼓励和激励学生丰富词块库和积累词块，一方面可以让学生在活动中通过小组讨论进行词块的积累和学习，另一方面可以使商务词块库随着词块的不断添加形成动态的词块库，让学生更有成就感和满足感，实现资源的共享，更好地促进学生对商务词块的学习。

（三）成立"翻译工作坊"，强化词块训练

词块教学能从一定程度上辅助商务英语笔译课程的教学，教师在教学中可以尝试成立"翻译工作坊"（translation workshop）。所谓"翻译工作坊"，是类似于商业性的翻译中心，几名译者聚集在一起进行翻译活动。在翻译过程中，译者们相互交流，通过合作来解决翻译中的实际问题。根据不同院校的教学条件，"翻译工作坊"可以分为网络环境模式和非网络环境模式。网络环境下的"翻译工作坊"是在多媒体教室中组成不同的翻译工作坊，学生之间可以进行在线交流和讨论，教师可以通过主机讲课，发放相关翻译理论资料，下达翻译任务，提供网址、电子书等参考资源等方式，指导学生进行深入探究和学习，引导学生进行实质性讨论，并在网上布置、收发、批改学生作业。网络环境下，"翻译工作坊"能充分发挥网络的扩展性和时效性的优势，使学生的翻译学习更便捷、更深入。非网络环境模式是指在普通教室中，学生分为不同的"翻译工作坊"，教师与学生、学生与学生之间面对面地进行交流的学习方式。

教师在教学中可适当参与到各"翻译工作坊"的分析与讨论中，请各"翻译工作坊"的代表发言，评论各工作坊译文的优劣。教师可分别对发言做出相应评价，分析各工作坊翻译的优缺点。特别是商务词块的翻译，教师可以通过词块替换、词块翻译、词块听写、词块游戏等练习帮助学生进一步强化商务英语词块的学习。"翻译工作坊"这种实践性、参与性、协作性较强的教学模式，既能强化教师与学生之间、学生与学生之间的互动，激发学生的学习兴趣和竞

争意识，发挥团队协作精神，提高语言输出的准确性和流利度，也有助于译者提高语篇理解能力和语篇组织速度，增强学生语言输出的条理性与清晰性。

商务英语笔译课程旨在让学生养成和具备专业商务翻译人员优秀的职业素养与扎实的职业技能，将词块理论融入商务英语笔译课程的教学中，可帮助学生建立和保持学习信心，为进一步深入学习打下良好的基础。词块学习能提高学生的语言输出能力，对语言表达大有裨益。

第三节 商务英语口译课程的脱壳教学模式

商务英语口译课程的脱壳教学模式是在商务口译环境下建立起来的、稳定的口译理论系统和具体结构框架，应根据这些系统和框架来安排口译课的授课内容和活动。该模式通过设立宏观和微观的脱壳教学模块，在完成口译基本技能授课的基础上，摆脱原语句式的束缚，实现句群之间次要信息的省略以及句群之间的整合，从而完成脱壳性转码。教师在授课过程中要以必要的商务领域背景知识和专业词汇为辅助，在这些专业知识的辅助下，学生可通过掌握商务英语口译中常见的固定语义来完成商务英语口译教学脱壳模式的学习。

培养商务英语专业学生的口译能力是商务英语翻译教学中的重要任务。在这种应用型人才的培养需求下，口译教学的目标特点体现为教学内容与职业内涵的高度统一，以及课程设置和就业能力的高度统一。由于口译课对学生的英语基本功要求较高，口译能力培养已成为翻译教学的瓶颈问题。

一、口译的认知特点

无论是简单形式的陪同翻译，还是难度较大的同声传译和交替传译，从认知角度上来讲，其工作机制都可以归纳为输入（原语）、认知加工、输出（译入语）三个环节。三个环节互为前提、互相作用，任何一个环节的差错都将严重影响翻译质量。大量的实践与理论研究表明，在接受同样的语言训练和语言技能水平相当的条件下，口译质量取决于元认知能力的差异，该指标可以用来反映认知加工的努力程度或认知负荷的大小。元认知概念源于美国心理学家约翰·弗拉维尔（John Hurley Flavell），它是指"个体关于自己的认知过程的知识以及调节这些过程的能力"。元认知策略经常被等同于学习策略，指学生对自己的认知过程及结果的有效监视及控制的策略。口译过程反映了元认知策略的基本要素：译者根据持续的语言输入，形成对原语的正确理解和加工，最后形成正确的译文。在语言能力相同的前提下，译者口译效果的差异是由译者心理认知加工能力的差异造成的，这种能力取决于译者的多种认知流程——输入语理解、头脑加工、抑制机制、脱壳机制、输出机制之间的平衡。口译工作具体的认知特点和工作机制在陪同翻译、同声传译和交替传译等不同的口译形式下会有所不同，但不同的口译工作具有同一共性，即要形成良好的精力匹配模式，调整好"理解原语"、"头脑认知加工"和"输出译入语"之间的关系。

在口译实践中，口译者要想顺利地完成口译任务，需要调动两大类认知模式来进行信息加工：一是原语驱动模式，即根据原语的输入内容，简单地进行词汇和语法层面的加工，完全折射原语，语言层面到心理认知层面之间直接过渡且无深层加工；二是脱壳模式，即根据口译者长期记忆和储备的知识，结合现场场景，进行结合式、有选择地翻译，即所谓的脱壳。在这种认知模式下，篇章意义远远超过句子的意群和词汇含义。这两种认知和信息加工模式在口译工作过程中是相辅相成、缺一不可的。一个成功的口译者能够灵活地交替运用这两种信息加工模式。

上述关于口译认知模式的解释表明，对于基础相对薄弱的口译者和学生来说，在口译工作中运用脱壳模式非常重要。"脱壳"是指口译者摆脱原语字词的外壳，以自然且不受原语干扰的方式用译入语表达译文。根据法国著名口译研究专家丹尼·吉尔（Daniel Gile）的认知负荷模型，口译者的口译质量会受到非语言能力因素的影响，这类干扰因素包括原语的生僻用字、语速、复杂句子的结构、地方口音等。这些因素会给口译者带来认知和信息加工的额外压力，进而影响翻译的准确性。在复杂的口译现场，口译者很难做到全文折射输入语。而在口译实战中，口译者必须调动默会知识，将输入和储备的背景知识结合起来，转换为显性输出。这种依赖于原语但又不拘泥于原语的脱壳模式是成功进行口译工作必不可少的手段。脱壳式口译法一方面是为了减轻原语带来的压力，另一方面也是为了符合听众的母语表达或者认知习惯。根据释意派口译理论，由于原语和译入语之间存在文化差异，直译会导致听众产生疑惑。为了达到更好的沟通效果，口译者要在理解、消化原语后，按照译入语的文化思维和表达习惯进行加工，反射给听众。综上所述，为了减少口译者压力，提高沟通效果，口译者在翻译过程中必须经历自反式知识生成过程，使用脱壳模式来进行口译。脱壳模式是口译过程的必选模式。

二、脱壳教学模式运用于商务英语口译课程中的作用

北京语言大学教授刘和平在《翻译能力发展的阶段性及其教学法研究》一文中提到，应用型人才的培养关键是"实践"，实践的途径之一是"实战"。教师在实战中教，学生在实战中学。对于商务口译教学来说，实战型授课方式的关键在于精选和组织课堂实战内容，使培训的素材和模式符合职业口译人员的实际工作需求，并使课堂内容充分体现实战特点。在培养应用型人才的背景下，培养商务英语口译人才的一个重要任务是让学生能够胜任商务谈判、国际商务会议等口译岗位。学生既要有过硬的英语基本功，又要具备一定的商务背景知识，掌握商务口译的一般规律和特征。

相比于专业口译者，商务英语专业的学生的原语能力相对薄弱，学生在学习过程中遇到的障碍体现在以下方面：①口译基础知识及基本技能不过关，导致口译任务中断或沟通失败；②缺乏词块分割技能和语流预测能力，把握句群之间的逻辑架构能力弱，导致脱壳能力薄弱，从而无法真实地反映原语的内容；

③商务英语中常见的背景知识和专业词汇掌握得较少。这些问题表明如果在教学中不能更多地运用脱壳模式，那么学生在进入实践岗位时往往就无法胜任口译工作。

商务英语口译的匹配模式更为复杂，学生在学习过程中要合理匹配有限的认知资源，才能减少漏译和错译的概率。如果能在加强学生基本功训练的前提下，突出背景知识和常见商务场景的训练，强化词块分割技能，根据语流、逻辑框架特点进行教学，将有助于学生把更多的精力分配到口译上，降低加工背景知识所需的精力损耗。在此基础上，平时训练的背景知识和翻译场景将会通过自反式知识生成过程，提高学生信息加工速度和理解的正确性，从而大大提高口译质量。

三、商务英语口译脱壳教学模式的具体内容

商务英语口译课的脱壳翻译模式是在商务口译环境下建立起来的稳定的口译翻译理论系统和具体结构框架，并根据这些系统和框架来安排口译课的授课内容和活动。从宏观上来看，这些理论系统和框架能为具体的课堂口译活动提供纲要，为学生提供认知策略和调控策略的保障；从微观上来看，授课内容应该涵盖商务口译的绝大部分场景，从应对策略到常见句式，都应该在课堂教学中体现出来。这些宏观和微观教学模式是在完成口译基本技能授课，如笔记、数字、听译、视译、直译、意译、增减、重复等内容的基础上建立的，可摆脱原语句式束缚，实现句群之间次要信息的省略以及句群之间的整合，从而保证脱壳及转码的准确性。

该模式要求在授课过程中辅以必要的商务领域背景知识和专业词汇，通过掌握商务英语口译中常见的固定词语的意义，来完成商务英语口译脱壳模式的教学。这种口译教学和实践方法有别于传统的"意译"，因为"意译"是通过对原语高度概括等方法形成的非等值译入语，原语与译入语之间等值性较差，不能满足商务英语口译准确性高的要求。本节研究的目的是通过口译课程的脱

壳教学模式来训练学生的译入语的语言表达习惯，降低其认知负荷，从而在巩固口译基础知识的前提下提高商务英语口译的准确性，为进一步的口译学习打好基础，使学生在实践中能灵活应对口译的挑战。商务英语口译脱壳教学模式的具体内容如下：

（一）基本技能训练

口译能力归根结底还是依赖于扎实的语言基本功，如果离开了基本功，那么背景训练、词块训练和技巧性的脱壳训练只能是空中楼阁。口译的基本功包括听力、口语、词汇量、阅读量、记忆力、笔记能力、数字能力等。从类型上看，这些基本功体现在陪同翻译、联络翻译、耳语传译、交替传译和同声传译的过程中。口译课的根本任务是巩固和提高学生的英语基本功和口译基本技能。在英语本科学习的基础阶段（大一、大二期间），如果不能在词汇、阅读、听力和口语等方面将基础知识打牢，单纯靠在高年级的口译课上获取的技巧性训练经验和商务背景知识储备，那么学生是根本无法应对真正的口译场景的。对于立志在口译方面有所建树的学生来说，从进入大学进行英语专业学习时起，就要全面打牢英语基础。基础知识是形成正确语言符号转换的关键。大量的教学经验表明，学生的语言储备量不能仅依靠课堂教学来完成，课后大量的自主学习是打牢英语基本功的必要条件。教师课堂的教学任务，一方面是要进行基本功的培养，另一方面是要引导学生形成自我学习的能力。

（二）商务背景知识训练

商务英语专业的学生在口译训练的过程中必须融入适量的商务背景知识，这种学习有助于学生自主搭建语言与背景知识之间相关性的桥梁。大量研究表明，特定专业领域的口译工作中，背景知识同笔记、数字等技能一样，是一种基于原语逻辑关系的创新性编码工具。每一次利用这种工具的过程，都是编码—解码—再造的过程，是译者面对新矛盾寻找化解思路的语言资源管理过程。这种认知特点表明，解码过程中的认知干扰越少、已知信息越多，口译者对新信息的专注度就越高，进而可以提高口译输出的准确性。在口译过程中，学生会不自觉地调动背景知识和背景词汇，避免重复与背景知识相关的再加工过程，降低输入的认知负荷，并提高口译输出的得体度和流利度，从而最大限度地避免母语负迁移的影响。研究表明，商务口译大部分语篇的构成基础是商务背景知识、商务常用词汇和常用句型。在口译训练中掌握并储备这些背景知识和高频词汇及其表达形式，能够帮助学生理解原语，并减少输出压力。

对于学生来说，如果缺乏与商务活动相关的专业背景知识，缺乏对商务活动、金融活动领域的重要概念的了解，那么在口译过程中就会望文生义，忽略特定场景下的特殊意义。该领域的口译失误往往出于以下原因：①有些词汇既是商务经济领域的专门术语，也是普通词汇，具有日常含义，口译者误把日常含义作为理解的方向；②世界经济发展日新月异，商务新环境下新生词汇和事件频发，旧的知识和词汇无法应对新现象和新环境；③由于对商务活动特有的及常见的句式和语言表达习惯不熟悉，在翻译过程中要经历更长的反射和加工时间。

以上分析表明，在以脱壳模式为依托的商务英语口译教学中，在商务背景方面，教师既要做好商务词汇和常见商务场景的归类，也要做好常见商务场景中的商务知识与常见句式、商务信函、商务政策、商务相关法律词汇与基本知识等方面的语料库储备。教师的语料库要形成良好的难度阶梯，以此帮助学生由易到难，循序渐进地学习、复习、巩固知识。

（三）脱壳教学模式的灵活运用

在前两个环节的基础上，学生还应该进行"原语驱动"和"脱壳"两种模式并行的训练，以此培养口译过程中的认知和信息加工习惯，逐步适应无背景知识辅助条件下的口译工作，形成独立的口译能力。原语驱动是建立在口译者完全听懂原语的前提下的，但是目前商务英语专业的学生仍存在词汇储备、听力能力和专业背景知识的欠缺，无法实现真正的原语驱动。能灵活地运用原语驱动模式的口译人员，一般都是具有多年英语学习经历、语言能力突出、受过严格的口译训练并在实践中不断成熟的口译者。因受词汇储备、听力能力和专业背景知识欠缺等限制，完全运用脱壳模式来进行口译工作，对于本科学生来说是不科学、不现实的，除了极个别优秀的学生外，该模式是无法得到普遍应用的。

1998 年，瑞典英语教授阿尔滕贝格（Altenberg）通过研究发现，英语自然话语的 70 % 由各类词块结构组成，大部分话语是通过词块来实现的。词块是英语的基本语言单位，它们普遍存在于人脑的记忆中，而且随着人们对记忆材料熟悉度的增强，其数量也在相应地增加，从而使大脑可以存储和回忆起更多的信息。这个研究表明，如果学生能够在平时的学习中多存储这些词块的信息，就能将原语输入信息与自身储备的认知结构及知识相比较，进而将未能全部理解的原语信息通过储存的信息变为明示信息。这就是脱壳教学模式的核心所在。口译脱壳模式的建立依赖于两个模块的交互作用：良好的听力基础，能听懂大部分原语；在已有词汇量的基础上输入词汇的临时含义，可以通过已有词汇量的认知提示得到该语境下的领域背景知识。

在口译者进行原语认知加工之前，背景知识是一个重要的认知准备条件，与词汇和听解具有同样重要的作用，能够帮助口译者理解所听内容，从而辅助口译。建立脱壳模式的重要意义在于通过调动隐性知识，能够跨越听解过程中的障碍，使输入内容与口译者的储备知识相结合；通过调动在长期口译过程中形成的逻辑建构，口译者就能形成语流输出。在商务英语口译练习中，学生如果能多储备相关词块知识与背景知识，就会缩短实战中自我加工和信息整理的过程，减少输入负担；在大量练习的基础上，学生也能迅速模仿现成词块的表达方式，在减少输出负担的同时提高输出内容的正确性和地道性。

四、商务英语口译脱壳教学模式的要求

（一）大量的针对性练习

授课教师要有充足的数据库，充分涵盖常见商务场景的语篇、句式、词汇、背景、预制词块、固定习语和搭配、逻辑衔接等内容。特别是在句式和逻辑衔接的内容上，授课教师要有内容多样的语料库。每种建模都有大量的针对性练习，使学生通过反复和大量的练习来熟练掌握该建模下的一般性翻译规律。教学的思路为：模块模式介绍—巩固练习—熟练应用—推广到类似情况。如商务会谈场景的语篇开头，演讲嘉宾首先要做欢迎致辞，那么学生在接受这种场景的口译训练时，教师授课和训练的内容应该涵盖开幕式、闭幕式的常见词汇与句式，使学生在听到一半句子的时候就能有效地预测下半句的内容；或者在没有听到上半句的情况下，仍然能根据后来听懂的句子，在有效预测的基础上，对上半句的内容进行有效的翻译。再以逻辑训练为例，学生如果接受了充分的逻辑衔接训练，就会调动逻辑模块的信息加工方式来填补空白。

例如，由于演讲者的口音严重导致口译者无法听懂全文，但是听懂了后半句由 however 引导的句子，根据平日的训练就能使其准确地判断出上半句是与下半句相反的意思。教师的语料库材料必须以真实场景为依据，训练内容要有科学性、实用性和囊括性，能够帮助学生理解一般性商务口译工作中的真实状况。通过大量的教学和课后练习，学生的口译可以实现从动作的机械化跨越到能力的自动化发挥。教师在训练过程中要避免学生走入依赖脱壳模式的误区，要在熟悉句式词汇的情况下，形成自觉认知加工而非机械应对或者套用的习惯。

（二）有效的课堂训练与课后巩固

这个过程的核心在于训练学生将内在积累的知识与原语结合，完成显性语言输出。脱壳模式实际上是建立在大量的实践练习基础上的一种口译思维模式，学生需要不断调整认知加工模式，形成解决问题的思路和方法。在大量练习和改变原有逻辑加工模式的基础上，学生能够感知和理解口译认知加工过程，在"输入—调节—自我评价与纠正—重新输入—重新认知调整加工—再评价"这样的循环往复基础上，实现输出内容的正确性、流畅性和完整性，完成能力螺旋式提升。课堂训练与课后巩固的最终目的是形成学生的自反式输出能力。

脱壳式口译教学是一种有意义的口译教学方式，符合生活中商务英语口译工作对人才的真实需求。但是，形成合理、全面、符合真实商务场景的整套教学语料库并据此进行有效的课堂训练，实现学生能力螺旋式提升，则是一个需要长期建设、不断完善的过程。

第四节 大数据背景下
商务英语翻译的翻转课堂教学模式

随着互联网技术的高速发展，物联网、云计算、移动互联网、智能手机等已经逐渐融入人们生活和工作的各个方面，这充分表明了大数据时代的到来。随着电子书包、电子教材、平板电脑等新设备的不断推出，人们逐渐意识到不断发展的科学技术和翻转课堂之间存在着内在联系：先进的技术为翻转课堂提供了发挥和发展的平台，翻转课堂为新技术的发展提供了内在动力。

一、翻转课堂教学模式的内涵

学生学习的过程与知识的内化存在着密切的联系。根据皮亚杰的研究，知识的内化分为同化和顺应两个过程。同化就是学习者将外界的新知识纳入自身的知识结构，顺应就是学习者改变已有的知识结构以适应新的知识内容。据此，知识的内化就可以分为同化型知识内化和顺应型知识内化。但是，根据美国学者的研究，知识内化的过程可以进一步分为三个类型，即同化型、顺应型和渐进型。渐进型知识内化有两个特点：①如果正确的概念在不同的场景反复出现，那么错误概念出现的概率就会变小；②知识的内化过程不是一蹴而就的，而是循序渐进、一点点完成的。

翻转课堂的教学模式和知识内化理论存在着千丝万缕的联系。翻转课堂来源于美国可汗学院所倡导的"视频课程"，随之引起了全世界广大学者的关注。国际上普遍使用 Flipped Classroom，其字面意思就是"翻转课堂"，这个译文形象生动，立即为学术界所采纳。翻转课堂通过"翻转"教师和学生的角色达到知识内化的目的。传统的教学过程中，教师是课堂的中心，学生在课堂上被动地接受知识，课后主要通过完成教师布置的作业来完成知识内化的任务。在翻转课堂的教学模式中，学生不再被动地接受知识，而是主动地去寻找知识，通过三种知识内化的途径完成学习任务。

翻转课堂的教学过程通常分为三个步骤：

第一步是问题引导阶段。教师根据学生的知识储备情况，提出与新知识相关的问题，调动学生运用已有知识对新知识内容进行分析和同化。这是教学的"热身"阶段。

第二步是视频观看阶段。这一阶段的教学必须建立在第一阶段的基础上，即通过对新知识的内化，让学生清楚地知道自己对新知识的认知情况，带着问题去观看视频，再对新知识进行进一步的内化，提出新的问题。

第三步是问题解决阶段。在传统的教学过程中，这个阶段是在课后通过家庭作业完成的。但是在翻转课堂的教学模式中，这一阶段被"翻转"到课上，教师不再是课堂教学的中心，反而变成了课堂讨论的参与者。教师在课堂上收集问题，对相似问题进行归类，然后将问题发还给学生，通过小组讨论等方式，鼓励学生自主地解决学习中遇到的问题。这一阶段虽然是翻转课堂的最后阶段，却是最重要的一个阶段。

二、商务英语翻译课堂采用翻转课堂教学模式的必要性和可行性

商务英语翻译课程是商务英语专业的核心课程，一般分为两个学期，教学内容多为商务文本特点分析、翻译技巧的应用、翻译实践等。基于对教学内容的考虑，教师普遍采用课堂结合翻译实例来讲解技巧和特点，课后学生完成相关翻译练习的教学方法。这种传统的教学方法旨在通过教师的课堂讲解，让学生初步掌握翻译技巧和商务文本特点，也就是对知识进行初步的内化；通过完成课后作业，学生将学习过的翻译技巧应用于翻译实践中，做到学以致用，继而完成知识的二次内化。传统的教学方法在教学实践中起到了传授翻译技巧和知识的作用，但是因为商务英语翻译是以"语言输出"为主的课程，单纯的翻译技巧知识和商务文本知识既无法满足学生在翻译实践中的需求，也无法充分地帮助学生解决翻译实践中遇到的问题。根据广西大学英语副教授谢建奎所做的调查研究，以教师为主的商务英语翻译课程主要存在着以下问题：①学生学习兴趣和积极性不高；②翻译技巧和翻译实践"两张皮"，即翻译技巧和翻译实践之间没有联系；③学习翻译技巧后，学生仍然无法完成翻译实践。

鉴于以上问题，商务英语翻译课程必须进行改革。大数据时代的到来给商务英语翻译课程的改革提供了可能性，翻转课堂教学模式的发展给课程改革带来了新的思路。首先，翻转课堂的中心从教师转为了学生，这能够充分调动学生学习的积极性和主动性；其次，翻转课堂将教学内容的重心从知识的传授转换为学生问题的解决，有利于解决学生在翻译实践中遇到的问题，从而帮助学生顺应或者同化翻译技巧知识；最后，由于学生知识水平和语言程度存在差异，

对于翻译知识的接受程度也参差不齐，因此学生可以根据自身的理解和接受情况，有选择地观看视频。与传统教学方法相比，翻转课堂的教学方法能更加有效地帮助学生接受新知识。

三、商务英语翻译课程的翻转课堂教学模式的设计

翻转课堂的教学模式不可简单理解为"课下观看视频，课堂解决问题"，教学模式的设计必须考虑教学目标、教学过程、学生知识储备情况等因素，因此教师必须科学地设计教学模式。

第一，视频制作。微视频是适合翻转课堂的视频形式。与一堂较正规的课堂录像相比，微视频的时间要短得多，录制形式也多种多样。但是任课教师仍然要花费大量的时间和精力研究录制微视频的技术，研究视频与教学各环节的配合。因此，可以将特色示范课堂交由任课教师本人单独制作，而适合一学期或者一门课程的视频由教学组集体制作，也可由学校集体购置或者采用校际合作的方式完成。

第二，问题解决。问题解决既是检验第一阶段知识内化情况的重要一环，也是开始进行知识二次内化的重要阶段。教师应在课堂开始前收集、归纳并总结学生的问题，然后将问题发还给学生，让学生通过小组讨论的方式解决问题。教师和学生可以互换角色，教师做学生，学生做小教师。小教师可以通过给别人讲解知识进一步领悟和巩固观看视频所获得的知识。这种翻转模式的运用较为灵活，可以是小教师讲、学生听，也可以是学生先学习，然后小教师答疑。

第三，课后评价。翻转课堂教学模式可以采用及时评价策略。这种评价可以在线完成，也可以线下完成。评价形式也很多样化，如提问、小测验、课后作业以及动手操作。及时评价策略可以让教师及时掌握学生学习的进度和程度，做到心中有数。

第四，教材编写。翻转课堂的教学模式是最近几年才在国内兴起和发展起来的教学模式。由于适应翻转课堂教学方法的配套教材尚未得到充分的开发，无法适应翻转课堂教学的要求，因此商务英语翻译课程要想采用翻转课堂教学模式，任课教师必须根据具体教学情况编写适合教学模式的教材。教材编写必须遵循以下原则：①教材内容和微视频的内容相辅相成，互为补充；②教材的编写遵循从易到难的学习规律；③教材中必须包含与课程内容相关的学生练习部分。

第八章 商务英语翻译教学的实践应用研究

第一节 翻译软件在商务英语翻译教学中的应用

随着手机和互联网的普及，翻译软件也普遍应用于商务英语翻译教学中。学生使用翻译软件进行英语学习在很大程度上提高了学习效率。在使用翻译软件时，使用者的汉语能力在英译汉过程中起着重要作用。由于使用者对汉语和英语的理解和掌握程度不同，翻译软件的使用结果也不同。然而，学生的英语作业中翻译软件使用的痕迹越来越重。因此，正确引导学生使用翻译软件在商务英语翻译教学中具有相当重要的意义。

一、翻译软件及影响翻译软件使用的因素

（一）翻译软件

翻译软件是将一种语言翻译成为另一种语言的软件。无论是平时浏览网页还是阅读文献，我们或多或少都会遇到几个难懂的英语词汇，这时我们就不免要翻词典了。网上的词典工具大概可以分为两种：一种是离线词典，就是可以不用联网，只要下载、安装、运行后就可以离线翻译；另外一种是在线翻译词典，它需要我们访问一个网站，而后输入要查找的词语。

翻译工具分为广义的翻译工具和狭义的翻译工具。狭义的翻译工具主要是

计算机辅助翻译软件，如机器翻译、计算机辅助翻译软件、在线翻译软件、搜索引擎、语料库和文字处理软件等。

（二）影响翻译软件使用的因素

1.专业差异影响翻译软件的使用

非英语专业的学生英语水平参差不齐，同英语专业的学生相比，无论是英语基础还是英语词汇等方面都更不自信，因此对翻译软件的依赖性更强，使用频率也更高。非英语专业的学生使用翻译软件主要用来翻译词汇和短语，很少翻译段落和文章；而英语专业的学生除上面提到的词汇和短语外，还会用来对文章进行翻译。

2.英语综合能力影响翻译软件的使用

英语综合能力较低的学生，掌握的词汇量较少，因此使用翻译软件的频率较高。在学习过程中，翻译软件更能提高英语综合能力水平较低的学生的英语水平，对学生自身学习英语的帮助也更大。

3.在校学习时间的长短影响翻译软件的使用

在校时间越短，学生使用翻译软件的情况越多，频率越高。而在校时间越长，学生利用翻译软件进行句子、段落和文章的翻译的情况越少，所以很少对软件翻译的结果进行语序和语法结构的调整。学生在校时间短的时候，学习较为积极。但是随着在校时间的增长，学生学习的积极性下降，然后学习观念趋于平稳。

二、翻译软件的优势和局限性

（一）翻译软件在商务英语翻译教学中的优势

1.培养学生掌握新技术的能力和独立思考的能力

在传统的商务英语翻译教学中，如果在没有事先预习的情况下出现疑问，学生们往往会以被动接受的状态，倾听教师的讲授，不具有发现问题的能力。把翻译软件应用在商务英语翻译教学课堂中，教师可以通过讲练结合的方式来训练学生使用软件的能力。通过训练，学生对软件的应用有更深入的了解，既能够掌握软件的使用技能和方法，也可以借助科学的语料库来对数据进行分析。在使用的过程中，学生成为学习的主体，很大程度上自主支配了学习内容、学习时间、学习方法等。学生还可以通过自学，对信息进行整合，并搭建学习知识的框架，教师只进行辅助即可。这样的教学和总结过程，培养了学生掌握新技术和独立思考的能力。

2.构建更完善的知识结构

不同于以往的教学环境，应用了翻译软件后，教学内容会更加生动。学生应用翻译软件，可以搭建自己的学习平台和信息资源库，能在教师的帮助下完成学习任务，构建完善的知识结构。

3.培养学生的学习能力和职业素养

教师可以通过软件及时获得学生的反馈，既可以发现翻译软件存在的不足，也可以发现学生自主学习的能力是否得到培养和提高。

（二）翻译软件在商务英语翻译教学中的局限性

运用翻译软件对汉语进行翻译的方式很多，要将汉语通过软件翻译成严谨的英语，在用词、句型和句意等方面都存在很多不利的因素。

1.用词方面

汉语中更多使用的是离合词、组合词和多义词，要想使用软件把这些词语的含义正确地翻译出来，仅从词性和词义方面进行简单的转换是不够的，还必须从语义方面进行解释。通过上下文的理解，使其翻译结果能够和原语在语境方面保持一致。另外，汉语中词语之间没有界限，在使用软件的过程中，软件对词语的解读也会对翻译的结果产生一定的影响。

2.句型选择

汉语中经常使用大量的成语、俗语、方言和文言文等，这也会给翻译软件的使用带来阻碍，从而影响结果的准确性。

3.句意方面

由于汉语中没有时态标志，名词也没有单复数标志，这些都会给翻译软件造成困难。另外，有省略结构的句子以及需要意译的句子想要通过使用软件得到满意的效果，是难以实现的。

4.思考能力

在没有翻译软件出现的时候，学生是利用自己的专业知识对原文进行理解，即使遇到生词也会利用字典来辅助翻译。如果过度地使用翻译软件，在一定程度上会影响学生的独立思考能力。

三、翻译软件在商务英语翻译教学中的应用

虽然翻译软件有很多优势，并且在现代信息化教学中发挥着重要作用，但教师在授课过程中还是需要对学生进行引导。

（一）尽量做到人工和翻译软件相结合

随着翻译软件功能的逐步完善，学生在使用软件过程中形成了过度依赖，对软件给出的翻译结果完全相信。但在有些具体的需求中，翻译软件无法达到使用的最终目的。在实践过程中，应尽量以人工和翻译软件相结合的方式；在学习过程中，慢慢过渡到以学生自己翻译为主、软件翻译为辅的状态。只有这样才能提升学生的英语学习效率，从而使学生的翻译能力得到提高。

（二）积极识别翻译软件中的错误

为了提升翻译的正确率，提高学生的学习效果，教师应该有意识地积极鼓励学生改正翻译软件中的错误，从而达到教学目标，实现教学效果。教师可以

从例句入手，在讲解时先让学生进行简单的错误修正，如语序错误、语感不顺和逻辑不通等。随着学生英语水平的提高，教师再引导学生去修改更复杂的错误。无论是修正简单的错误还是复杂的逻辑和语法错误，都要求学生有足够的英语水平，并具备一定的英语能力。

（三）更好地利用和开发翻译软件

基于翻译软件中存在的错误，更多的使用者希望翻译软件能够开发更符合使用者使用习惯的功能，特别是提供解决方法以弥补现在的翻译软件中存在的不足之处，并提升翻译软件人工校对的功能。如果能够开发更加智能或者符合学生学习习惯和使用习惯的翻译软件，一定能提高翻译软件的使用效率。

（四）针对不同专业开发专门的翻译软件

由于专业的不同，学生在学习过程中对原文的翻译也不同。语言领域的差别导致有些词汇或者短语的意思也不同。如果能够开发出专门领域的翻译软件或者在使用软件之前可以选择相关领域，会使翻译软件更加受到学生和教师的欢迎，翻译的结果也会更加合理。

在翻译软件使用过程中，使用者要从词法、句法、句型等层面考虑。翻译软件给出的不仅是词语的意思，还会提供大量的例句，使用者可以在使用过程中学习到更多。翻译软件虽然仅仅是个软件，但翻译软件的结果往往不是最终的结果，它是辅助使用者找到最后答案的工具。这是一个学习和思考的过程，使用者需要正确对待翻译软件和翻译结果。

在教学过程中使用翻译软件能够起到一定的积极作用，教师对待翻译软件的使用应该保持积极的态度，为学生提供相应的帮助。使用者可以通过各种途径和方法，对所使用的翻译软件进行学习和研究，使其更好地为翻译学习服务。

第二节 案例教学法在商务英语翻译教学中的应用

近年来，随着社会经济的全球化发展，我国对外贸易的发展得到迅速的提升。英语作为世界通用的语言，在对外贸易中起着举足轻重的作用。因此，商务英语翻译人才的培养显得尤为重要。商务英语翻译人才的培养重点是使学生能够很好地将理论应用于实践，用英语进行商务往来，而案例教学法正好符合这一特点。因此，高校在培养商务英语翻译人才时，需要改变传统的教学方式，采用案例教学法提高学生的应用能力和实践能力，这样做既可以更好地培养学生应用英语的能力，也可以更好地适应社会对商务英语翻译人才的需求。本节针对案例教学法在商务英语翻译教学中的应用进行探究。

一、在商务英语翻译教学中应用案例教学法的必要性

让学生能够很好地进入商务翻译的语言氛围中是商务英语翻译教学的重点。让学生置身于用英语进行沟通的商务往来环境中，能更好地提升学生的语言处理能力以及应用能力。案例教学法就是使用一些实际的例子进行商务英语的翻译教学，通过对实际案例的分析以及相关问题的解决，让学生更好地掌握英语的应用技巧。同时用实际案例进行教学可以让学生感受到商务英语的工作环境和工作氛围，能够更好地投入商务英语翻译的学习中。此外，将实际案例作为模拟测试的内容，对学生进行商务英语翻译的相关测试，可以有效地提高学生处理突发问题以及临场应变的能力。因此，利用案例教学法进行商务英语翻译教学，能够有效地提高教师教学的效率以及学生掌握商务英语翻译知识的效率。

二、案例教学法在商务英语翻译教学应用中应该坚持的原则

（一）注重学生能力的培养

传统的商务英语翻译教学方法注重对相关专业知识的掌握；实践教学法注重的是让学生通过实践更好地理解理论知识；案例教学法注重的是培养和提升学生能够将所学的知识应用到实际的生活中并解决实际问题的能力以及应变能力。因此，案例教学的主要目标就是促进学生学习能力、创新能力和实际应用能力的提升。

（二）注重教学理论和实践相结合

案例教学法主要是引导学生从所学的理论知识出发，结合实际情况，对实际的问题进行分析和判断，并找出相关的解决方法。案例教学法在利用理论知识指导实践活动的同时，充分调动了学生的主观能动性，让学生对实际的问题进行思考。这样做既能够有效锻炼学生的自主分析能力和判断能力，也可以促进学生对所学知识的理解与掌握。

（三）注重教学过程的双向参与

教学的过程是教师教与学生学的互动过程，因此案例教学法应该坚持的主要原则就是教师和学生要双向参与。教师在商务英语翻译教学中充分发挥指导作用，充分调动学生学习的兴趣，学生在学习过程中充分发挥主体作用，增强教学课堂的活跃氛围。这样做既能有效提高商务英语翻译教学的效率，也能更好地提高学生商务英语翻译学习的效率。

三、商务英语翻译教学应用案例教学法的有效策略

（一）充分地做好理论知识的铺垫

在进行案例教学前，教师需要给学生讲解清楚相关的理论知识。充足的理论知识是案例教学的基础。具有良好的翻译方法，能够很好地进行英汉语言特点对比，可以很好地理解商务术语等，都是案例教学得以顺利实施的前提。例如，在对商务信函进行翻译之前，不仅应该让学生掌握商务信函的文体特点、类别，还应该遵守翻译原则等理论性的知识。

（二）选择恰当的教学案例

教师在选择案例的时候，要以教学目标为指导，选择在设计上和教学目标相吻合的案例。案例教学需要学生以所学的知识对案例进行理论分析，因此案例的选择还需要和教学的进度保持一致。教师在选择教学案例时，需要选择真实的、具有典型性的、符合商务原则及惯例的案例，不可以随意虚构。选择的案例要符合当前国际的发展形势，需要有助于学生发散性思维的培养。教师应避免设定唯一、标准的答案去束缚学生的思维，要给学生提供多种解决问题的路径。

（三）对案例的翻译进行讨论

案例教学中的分析和辩论的过程其实就是针对实际案例进行讨论和翻译的过程。在商务英语翻译的课堂上，教师需要尽量多地给每一名同学参与讨论的机会。首先，教师可以把全体同学分为几个小组，以组为单位进行讨论，然后总结出自己组认为最适合的翻译。其次，教师让每个组的代表上台说出自己组的翻译，并给予一定的激励，提高学生的兴趣。最后，教师给予一定的思路引导，使学生对文章内容有更深层次的理解。

（四）通过讨论最终确定译文

通过一番讨论，最后由学生自主确定译文。每个小组派代表在课堂上展示自己小组总结出来的译文，全体同学对每个组得出的译文进行讨论，最后选出接近答案的一篇。教师对学生讨论的情况进行分析和讲解，对好的分析意见和建议给予鼓励和表扬，对讨论中存在的问题及时地解答。教师要给学生好的翻译思路以引导和指导，而不是直接给学生标准答案。

（五）对翻译规律进行总结

虽然每篇文章的内容不同，但是翻译技巧在很多方面还是有一定规律的。课堂上的案例分析学习可以让学生自己总结翻译的规律，掌握翻译的技巧和规律。

第三节 互文性理论在商务英语翻译教学中的应用

互文性理论以其独特的思考方法与实践角度，为商务英语的翻译教学过程带来了一种全新的实践方向。在该类学科的翻译教学过程中，教师要始终把学生学习作为教学任务的核心和目标，并从多个角度出发，采用一系列开放式的教学方法，提高学生的创新意识和能力，进而达到提高教学质量和水准的目的，使越来越多的学生成为商务英语领域的翻译新生代人才。

互文，顾名思义就是文本和文本间存在的呼应关系。互文性理论强调，无论一个文本多么独立，它都和其他种类的文本有着相互参考的关联。在交涉的进程中，文本和文本之间有着队形关系，也就是说，后者传承了前者。换言之，如果世界上存在的所有事物都变成了文本，那么每一个独立的文本都和它附近的文本有着无尽的关系，并且它们之间必定互相影响。为了达到深度剖析互文性理论的目的，美国杰出的叙事学家杰拉尔德·普林斯（Gerald Prince）用一段话下了定义："一个确定的文本与它所引用、改写、吸收、扩展，或在总体上加以改造的其他文本之间的关系，并且依据这种关系才可能理解这个文本。"

相像的语类特征和文本特征既是文本翻译中十分重要的两个方面，也是哲学观辩证发展的一个印证。所谓互文性，看重的是文本和文本间存在的相互关系，这是因为文本和文本之间互相影响、彼此转换。如果想要在英语翻译中使用互文性理论，那么就应该使翻译文本尽最大可能地使用最佳的表述形式将原始文本想要描述的含义表达出来。不论是在文化上，还是在语言上，东方国家和西方国家都有着非常大的差别。要想使翻译文本与原始文本十分贴合，就要在翻译中利用好互文性。

互文性理论自从被提出，就一直深受广大学者群体的关注，这一理论也被广泛应用在不同领域的研究之中。近几年，国内的研究学者对互文性理论在翻译中的作用越来越感兴趣，同时大量的考察研究也应运而生，这渐渐为翻译学的深入探究开辟了一条全新的道路。

本节重点讲述互文性理论在商务英语翻译中的使用，以及该理论为商务英语翻译带来了怎样的作用，进而阐明如何恰当利用该理论来为商务英语翻译的教学工作带来实质性的进步。

一、互文性理论和商务英语翻译的关系

翻译是对原始文本的二次创作，它具有普通文本的创造共性和自己的独特个性。翻译文本和原始文本之间存在着互文的联系。作为语篇最重要的特点，语类是一个发挥其语言作用来实现某一目的的活动类型。相似性和互文性是语篇所具有的特点，这两个特点既包含了语义上的类似，又包含了形式特点上的类似。例如，尽管普通英语和商务英语有着不一样的交际目标，但两者的语类类型可以保持相同。普通英语的应用范围是日常生活所需的英语，涵盖许多十分口语化的英语表达。这些表达或许不专业，也可能存在歧义，但是并不会对

日常的英语交流造成大的影响和不好的结果，这些日常表达能够满足人们日常生活中对英语的需求。相比之下，商务英语的要求就要更加严苛。这类英语的应用场合多为职场，涵盖的内容包括商务活动中所需的商贸、金融、法律条例、规章制度、新闻等。因此，特殊场合的应用要求商务英语的语言表述和表达目的等都十分严谨和专业。

不一样的语类带来的体验也是完全不一样的。文章类型不同对语言风格也有十分重大的影响。商务英语的文风独树一帜，这是商务英语十分显著的特征。为达到交流和沟通这一目标，商务英语翻译的重中之重应该是使用一种完全不同的语言将原文表述出来，使沟通既清楚明了，又十分准确。例如，在商务英语中"Thank you for your letter of last month."的表述是不被允许的，而应该表述为"Thank you for your letter dated 1st June."。第一种表述模糊不清，就会造成争议。所以在这种几近苛刻的要求下，互文性极大程度地受到商务交际活动的限制，用词被限定在一个范围内，不可逾越。也只有这样，才能在让商务英语在互文性的影响下不断发展壮大，形成一种新的语类样式。然而这并非易事，为达到这一目标，商务英语的译者要拥有海量的知识储备，从而使翻译活动中出现的业内词语和术语能够清晰准确地表述出来。商务英语有特别的应用环境，在这个环境中，互文性只能在商务交流活动中应用，这也促使了商务英语新语类的产生。

二、互文性对商务英语翻译的影响

互文性理论的中心是不同的文本之间产生的影响，并在其关注的范围内将大量的关联因素纳入其中，进而形成了一种多重对话的层面。

（一）商务英语翻译教学中的文本对话

文章是互文性的主要承载单位，也是互文性理论最根本且最关键的表现方式。文章和文章间的互相对话基本都是通过引用、模仿、使用典故等形式实现的。互文性理论表明，文章和文章间有着一种互相论证的联系，每一个文本的出现都是对其余文本的消化和吸纳，并且在时间与空间上是持续变化的。世界上没有独立于其他文本而单独存在的文本，这是因为文化是不能分割开来的一个整体，所有的文本均属于这个整体的小部分，均和剩余的文本存在着一定的相关性。

大学中开设的英语课程大都以英语教材、授课参考书、英语讨论等多种方式为具体的授课媒介，这些媒介共同构成了完整的英语授课体系。每一个教学文本都与其他文本有着不可分割的联系，它们不受时间与空间的局限，相互影响、相互联系。学生的学习过程就是和英语教学媒介发生关系的过程，每个学生用自己适用的认知方式和英语教学媒介交流沟通。不同的学生可能会对同一个文本产生不同的理解和认知，这和学生的知识储备有关，所谓"一千个读者心中有一千个哈姆雷特"，学生和文本之间的互动使文本意义应运而生。

（二）商务英语翻译教学中的主体对话

教学活动的主体是学生，在商务英语翻译的教学中，主体对话占有十分重要的地位。这样的主体对话集中表现为教师和学生的对话、学生和学生的对话、学生和网络资源的对话。在英语授课中出现最多的对话是教师和学生的对话，在授课中，学生是主体，教师引导学生进行课程的学习，并对教学过程进行全局把控，帮助学生进行自主学习，引导整个教学活动的方向。教师和学生可以自由讨论重要问题，并且和其他人组成团队共同合作完成任务。课程也可以通过创设情境的形式来进行，并在特定的情境中练习英语的使用能力。在学生和网络资源的对话中，学生既可以通过在线练习来提高自己的英语能力，也可以通过互联网来下载学习资料。

（三）商务英语翻译教学中的文化对话

所有的教学文章均含有一种或多种文化内容，互文性理论着重强调的是文章内容与文章形式间的互相联系和互相影响。在对文章进行解析的时候要深入思考该文章所处的文化背景。除了深入理解文章的内容，译者在分析文章的过程中也要重视文章中表现或隐藏的文化内容。要想做到这一点，就需要译者不断增加自身的文化积淀。作为一名学生，在学习商务英语翻译的过程中，要培养自身的分析能力，学会用与原语相关的文化来理解并解读文章。

三、互文性在商务英语翻译学习中的作用

第一，只有清楚地理解文章的含义才能展开对文章的翻译工作。商务英语是英语类别中专业性极强的一类，从选词、词语含义、句子语法、文体选择，到文化概念的表达，都有着极强的独特性。正因如此，在翻译这类英语的时候，译者不仅要有坚实的语言功底，更应该储备行业知识。只有详尽考虑行业的特质，才能够既正确理解原文，又能够运用译入语中的特定"行话"将原文清晰地表述出来，达到沟通、交流的目的。

第二，互文性理论有助于提高学生的英汉语言水平。翻译行为是一种十分典型的互文活动。译者的语言功底对译文的质量有着至关重要的影响。在翻译活动的过程中，译者是原文和读者的纽带。在这两种不同语言的转换过程中，译者自己也在与原作者进行跨越时间和空间的沟通，并对原文重新构造。作为一种在工作场合中已普遍使用的语言类型，商务英语对用词、句法都有其独特的要求。正因如此，该类翻译活动有其独特的标准，即词汇专业、用句简练、文体庄重、格式规范。这时如果译者有海量的专业词汇和专业的知识储备，就能达到准确翻译商务文本的目的。正是因为不同文本之间的相互影响和相互关联，所以互文性理论在文本中的作用不能被忽视。和语境的关系十分密切的原始文本和译文文本不仅含有相似的词语和句子，同时它们在文章中都有其存在的语言环境，只要语言环境适合，就能够直接使用。

第三，互文性阅读有助于丰富学生的文化知识储备。篇章阅读不仅是熟悉语言规范的过程，也是慢慢累积语料知识的过程。语句是组成一篇文章的要素，一个语句需要发音规范、语法规则，并可以阐明某一词语在某一语言环境中的

具体意义。更为关键的是，它蕴藏着多样的文化相关知识。只有译者多读书，才能在脑海中积累起自己的材料，继而逐渐建立起属于自己的语料库。译者在能够熟练运用翻译技巧以后，就可以顺利地进行翻译工作。

第四，互文性理论有助于学生适应两种语言中互文语篇的结构。商务英语中的文章类型多种多样，因此它们拥有特定的意识表现和不同的篇章构成。因而，译者在重组翻译文本的时候，不可以套用原始文本的语句结构，而是应该考虑文本中各个段落之间的关联性和译入语的篇章结构，最后使用读者容易接受的方式来将译文呈现出来，否则翻译出来的内容将不能让广大读者欣赏到原始篇章的美和价值。

第五，互文性阅读有助于学生发挥译者的主体性。互文性理论告诉我们，原始篇章和译入语的篇章也存在互文关系。因此在翻译的过程中，译者要先阅览整篇文章，然后生产出互文性的译入语成果。译者的知识越丰富，对文章的品鉴能力越强，就越能够对原始篇章进行重构发挥。

四、互文性在商务英语翻译教学中的应用策略

（一）实施开放式教学

商务英语翻译的专业性非常强，要想实施开放式的教学模式就应该让授课理念、授课内容和授课方式变得更加开放。开放式的授课理念，即把学生当作主体，向学生提供适宜学习的开放的气氛，同时加强对学生的商务英语知识素养的培养，并保证教学目的的实现。开放式授课的目标是使教师挣脱教材的思维禁锢，让教师根据教学大纲的要求，依据商务文本的不同种类和不一样的特点对教学内容实施适宜的改编、重组。教师应该利用好网络素材和英语原版素材，选取代表性强或者可以利用的部分，增添到授课内容里，以此来扩充授课内容，使教学更丰富多彩。实施开放式的授课模式是达到开放式授课、推广并

充分利用互文性理论不可缺少的方式。作为一门专业性非常强的学科，商务英语翻译的课程不能仅靠教师上课时教授的知识，学生也要将自己融入商务情境里，通过实践使自身知识和将要获得的知识产生作用。除了具备一定的专业知识，学生也应该培养出商务英语翻译的专业素养和职场能力。

（二）实现译者身份的动态转换

站在互文性的角度上，商务英语的翻译过程可以看作一种跨越语种、跨越专业、跨越文化的活动。学生们不仅仅是文章的阅读者，更是文章含义的阐明者，也是将文章改编为其他语言的编写者。如何能够让学生成功地意识到这些不同的身份，并进行身份的自由转换，是商务英语翻译教学中的重点和难点所在。授课的过程中，教师不能忽视知识的拓宽，要积极地促进学生对各种体裁的文章进行深入挖掘。教师作为知识的载体，要帮助学生增强学习兴趣和能动性，让学生养成自主查阅资料的习惯，引导学生在具体的商务情境下对需要翻译的文本开展互文性的研读。作为学生，应该对原始文本的内在含义进行深度分析和思考，以达到译文文本和原始文本的互相对照和互相影响，进而更深入地理解原文。学生应该对不同的翻译版本进行对比查看，以达到深入理解互文性理论对商务英语翻译的影响，从而达到不同身份的自由切换。

（三）培养学生的发散思维

要想提高学生在商务英语翻译中的能动性和创新能力，教师就要帮助学生提高发散思维能力。这样一来，学生对语言的把握能力也会相应提高。作为一种动态性非常高的活动，商务活动中的商务交流会因经济的飞速发展而变得愈加复杂，因此只有加大对学生发散能力的培养力度才能使商务英语翻译一直发展下去。要实现这一目标，可以利用多种途径，如建立氛围轻松的授课环境，让学生能够勇敢地表述自己对于文本的理解和思考，将学生的潜能全部激发出来；鼓励学生采用多种方式翻译同一篇文本，既能够提升学生的思维灵活性，让学生从多个角度来翻译创作，也能非常有效地提高学生的思维能力。

（四）提倡多元文化的考查方式

对于商务英语来说，考查的方式分为开卷考试和闭卷考试，考查方式非常单一。单一的考查方式，不能客观地判定学生的学习状态。要想实现多样化的考查方式，就要综合考虑考试的作用、方式、客体和主体等元素，要从多元化的考试作用和方式、多元化的客体和主体等多个角度来评判。同时，对学生的要求相应提高，不仅要使学生灵活掌握商务英语翻译的知识与技能，更要让学生扩大知识面。评价的客体也会改变，它们可以是个人和团体，也可以是事件。评价可以是学生间的相互评价、学生自我评价，也可以是教师和学生间的相互评价。运用这样的考查方式，可以十分有效地提高商务英语翻译的授课成果，并在提升学生对专业知识的掌握能力上有十分显著的功效。

从上面的论述可以看出，互文性理论的理解和创造对商务英语翻译的授课具有十分重要的作用和深远的意义。在教学的过程中，教师不能停下探索的脚步，应该主动更新授课的方式和内容，尝试使用更加有效的授课手段。根据不同的商务活动的需求，增强学生的翻译素养，更大程度地实现教学目标，让更多的学生成为优秀的商务英语译者。

参 考 文 献

[1]薛毽禾. 基于生态化教学的商务英语翻译教学模式研究[J]. 长春工程学院学报（社会科学版），2024，25（01）：90-93，98.

[2]黄笑菡. 课程思政在开放教育商务英语翻译教学中的实施研究[J]. 英语广场，2024（06）：82-85.

[3]李小芳. 情景认知理论下高校商务英语翻译混合式教学探研[J]. 黑河学院学报，2023，14（10）：107-110.

[4]张丽霞. 基于自建语料库的商务英语翻译课程教学研究[J]. 江西电力职业技术学院学报，2023，36（09）：139-141.

[5]朱晓光. 对商务英语教学的思考:评商务英语翻译与教学研究 [J]. 中国教育学刊，2023（07）：112.

[6]刘璐. 概念隐喻视域下商务英语翻译教学研究[J]. 现代商贸工业，2023，44（11）：47-49.

[7]孟继燕. "课岗证赛创"融入商务英语翻译教学的路径研究[J]. 湖北开放职业学院学报，2023，36（05）：186-188.

[8]邓来英. 课程思政融入商务英语翻译教学研究[J]. 海外英语,2023(05)：95-97.

[9]巫安琪. "互联网+"背景下的商务英语翻译教学研究：以跨文化语用学视角为例[J]. 海外英语，2022（08）：221-222.

[10]段冰霜. 基于机读语料库的商务英语翻译教学[J]. 英语广场，2022（09）：90-92.

[11]张蔚磊. 我国商务英语的研究热点及发展趋势：基于 10 年来 CNKI 论

文的知识图谱分析[J].上海交通大学学报（哲学社会科学版），2021，29（03）：145-156.

[12]王天予. 基于社会建构主义理论的本科翻译专业教学模式研究[D]. 黑龙江大学，2018.

[13]许峰. 国内专门用途英汉翻译教材调研报告（2003-2017）[D]. 黑龙江大学，2018.

[14]李胜利. 应用型本科英语类专业教学转型研究[D]. 厦门大学，2018.

[15]严明. 基于体裁的商务英语话语能力研究：构念界定与测试开发[D]. 上海外国语大学，2012.

[16]李明明. 基于语料库的商务英语专业翻译教学模式研究[D]. 黑龙江大学，2011.

[17]徐艳霞. 基于文化图式理论下的商务英语翻译教学研究[D]. 东北林业大学，2009.